Wilhelm Hoffmann

Abraham Lincoln

Der Befreier der Negersklaven

Wilhelm Hoffmann

Abraham Lincoln
Der Befreier der Negersklaven

ISBN/EAN: 9783742813442

Hergestellt in Europa, USA, Kanada, Australien, Japan

Cover: Foto ©ninafisch / pixelio.de

Manufactured and distributed by brebook publishing software (www.brebook.com)

Wilhelm Hoffmann

Abraham Lincoln

Abraham Lincoln,

der

Befreier der Negersklaven

Eine Erzählung für die Jugend

von

Wilhelm Hoffmann

Mit vier Stahlstichen

Breslau
Verlag von Eduard Trewendt.

Das Recht der Übersetzung bleibt vorbehalten.

Erstes Kapitel.
Ein Märtyrer-Tod.*)

Es war am Karfreitage des Jahres 1865.

In Washington herrschte allgemeiner Jubel, denn die letzte Hauptfestung der Feinde war gefallen. Nach einem langen, furchtbaren Kriege zwischen den Nord- und Südstaaten Nordamerikas — den „Norders" und „Süders" — winkte die Palme des Friedens.

Und die „Norders" waren Sieger.

Also Siegesjubel erfüllte Washington am Karfreitage des Jahres 1865.

In Nordamerika wird der Karfreitag nicht in unserer stillen Weise gefeiert: die Verkaufsläden werden an diesem Tage nicht geschlossen und die Theater-Vorstellungen erleiden keine Unterbrechung. Man betrachtet den Karfreitag schon als Siegestag des Er=

---

*) Das Geschichtliche dieser Erzählung ist verschiedenen Zeitschriften und dem „Ehrentempel des 19. Jahrhunderts" von Dr. Max Lange entnommen.

lösers. Jener Karfreitag war also ein Siegestag in doppelter Beziehung und deshalb von Trauer keine Spur.

Es war erst sieben Uhr abends, also noch eine volle Stunde bis zum Beginn der Vorstellung, als schon eine dicht gedrängte Menschenmasse vor dem Haupttheater zu Washington harrte. Endlich öffneten sich die Thüren, und unter mancherlei Rippenstößen, welche zu anderer Zeit unfehlbar eine Schlägerei zur Folge gehabt haben würden, suchte jeder den Knäuel zu durchbrechen und den Eingang zu gewinnen.

An diesem Abende wollten auch die gewöhnlichen Leute und Arbeiter einen Platz im Theater finden, und jeder den besten.

Immer mehr füllten sich die Räume desselben. Bald war kein Sitzplatz mehr zu haben, und viele reiche Herren mußten zufrieden sein, wenn sie noch ein Plätzchen zum Stehen finden konnten.

Nur eine Loge, — rechts in der zweiten Reihe über der Bühne, — war noch leer. Aller Augen richteten sich dorthin und schienen die Thür zu bewachen, welche zu ihr führte.

„Ob ‚er‘ doch nicht kommen wird?" flüsterte eine reichgekleidete Dame einem neben ihr sitzenden Herrn zu.

„Ich glaube ganz bestimmt, daß ‚er‘ noch kommt," entgegnete dieser. „Es fehlen noch fünf Minuten zu acht Uhr, es ist also noch Zeit, und ‚er‘ hat wenig Zeit zu verlieren."

„Er muß und wird kommen!" rief ein anderer Herr; „es ist ja doch auf dem Theaterzettel angezeigt."

„Es könnten ‚ihn‘ aber Geschäfte abhalten," nahm die Dame wieder das Wort; „wenn ich wüßte, daß ‚er‘ nicht käme...."

„Er ist gewohnt sein Wort zu halten," beruhigte ihr Nachbar. „Sehen Sie nur, Madame, wie dicht gedrängt die Galerie besetzt ist; die Arbeiter wollen ihren Vater auch einmal in ihrer Mitte haben."

„Dort gucken ja auch Nigger=Gesichter vor!"

„Meiner Treu'! die Galerie hat bunte Reihe gemacht."

„Die armen Schwarzen haben ‚ihm‘ auch genug zu ver...."

„Es lebe Vater Abe hoch!... hoch!... hoch!" Dieses Jubelgeschrei und ein kräftiger Tusch aus den vollsten Backen der Trompeter und Posaunisten unter=brachen die Dame und machten ordentlich das Haus erzittern.

Endlich hatte sich die bewußte Thür aufgethan. Zwei Herren und zwei Damen waren eingetreten. Der ältere der beiden Herren dankte freundlich nach allen Seiten hin und setzte sich dann in den Armstuhl. Die Übrigen placierten sich in seiner Nähe.

Der eben eingetretene und so freudig begrüßte war Abraham Lincoln, der Präsident der Nord=amerikanischen Freistaaten oder der Union, der Sieger über die Südstaatler, der Befreier der Neger=Sklaven, der gefeierte Held des Tages. Die Liebe des Volkes nannte ihn kurzweg „Vater Abe". — „Abe" ist das abgekürzte „Abraham".

Mit doppelter Liebe und Verehrung blickte heute am Siegestage das Volk auf seinen Präsidenten. Die Neger, auf welche die Dame vorhin aufmerksam gemacht hatte, konnten gar kein Ende finden in ihrem Jubelgeschrei. Da viele Weiße vor ihnen saßen, konnten sie ihren geliebten Vater nicht sehen. Sie wußten sich bald Rat. Einer stieg auf die Schulter des andern und schaute so bequem über die Vordermänner hinweg. Hatte sich die eine Hälfte satt gesehen, so wechselten sie um. Dabei fletschten sie ihre weißen Zähne allerliebst zwischen den Purpurlippen hervor nach dem Sitze des Präsidenten und grinsten so freundlich, wie etwa ein Kettenhund, wenn er Euch beißen will. Die befreiten Neger aber wollten ihren Erretter nicht etwa beißen, sondern sie wußten ihre große Freude eben nicht auf andere Weise auszudrücken.

Ihr hättet Euch gewiß ein wenig gefürchtet, wenn Ihr die Schornsteinfegergesichter so plötzlich hättet auftauchen und wieder verschwinden sehen — Oder nicht? . . . .

Die armen Schwarzen hatten Grund zu ihrer Freude. Wie einst Gott zu Moses sprach: „Ich habe gesehen das Elend meines Volkes in Ägypten und bin hernieder gefahren, daß ich dich zu Pharao sende, daß du mein Volk, die Kinder Israel, aus Ägypten führest in ein gut Land, darinnen Milch und Honig fließt" —, und so hatte er auch gleichsam zu Vater Abe gesagt: „Ich habe gesehen das Elend meines schwarzen Volkes in der Sklaverei und habe Dich erwählet, daß Du mein Volk befreiest."

Und Abraham folgte der Stimme Gottes, die er in seinem Herzen vernahm!

Wo er wußte und konnte, bethätigte er sich gegen die Sklaverei. Dafür haßten ihn die Sklavenhalter und nannten ihn spottweise den „Neger-Präsidenten".

Sie schwuren, eher möge die Union aus dem Leim gehen, ehe sie nur einen einzigen Sklaven frei ließen. Die Aufhebung der Sklaverei sei der Untergang ihres Wohlstandes, ja ihres Bestehens, und sie ließen sich nicht ruinieren. Überhaupt hätte weder ein Präsident, noch eine gesetzgebende Versammlung etwas zur Sklavensache zu sagen; denn das sei eine häusliche Einrichtung. Das sagten sie, ehe Lincoln noch Präsident war, sondern nur Mitglied der genannten Versammlung.

Doch Abe wußte sehr gut, daß die „Baumwollenbarone des Südens" nur zu geizig seien, um ihren schwarzen Arbeitern Freiheit und Lohn zu gönnen, und zu stolz, sie als Freunde und Brüder, ja nur als Menschen zu behandeln. Deshalb blieb er fest und erklärte einmal: „Lieber möchte ich gleich hier auf der Stelle ermordet werden, als daß ich zugäbe, daß man fernerhin Menschen wie Tiere behandle." Ein anderer Verteidiger der Neger war nicht lange vorher von den Abgesandten der Sklavenhalter halb tot geschlagen worden, — doch Abe fürchtete sich nicht! Lincoln wurde Präsident, und die „Süders" empörten sich der Sklavensache wegen gegen die Union, daher kam es zum Kriege.

Vier Jahre lang hatte er schrecklich gewütet und dem Norden wie dem Süden ungeheure Opfer gekostet. Gar mancher Deutsche hat für die Sache der Menschlichkeit mitgekämpft und für sie sein Leben gelassen. Endlich hat sie gesiegt, und nicht bloß die Schwarzen, sondern wir alle sind dem Vater Abe zu Dank verpflichtet, und allen, die sich ihr gewidmet haben. Wo die Schwarzen nur zu ihrem guten Vater kommen konnten, da umfaßten sie seine Kniee und küßten unabläſſig seine Hände.

Wir können dem Gefühl der Hochachtung gegen ihn Rechnung tragen, wenn wir uns aufs neue vornehmen, gegen alle unsere Nebenmenschen recht liebreich und freundlich zu sein.

Seht Euch sein Bild an!

Schön ist sein Gesicht freilich nicht, — so ernst und so runzlig! Auch gar nicht hübsch weiß und rot, sondern dunkelgebräunt, so recht sonnverbrannt, fast schwarz, — was Ihr freilich im Bilde nicht so sehen könnt. Einst sagte ein Franzose, der Lincoln zum erstenmale gesehen hatte: „Gegen ein solches Gesicht ist jede Rebellion erlaubt!" — Er machte nur Spaß! Der Kopf ist mehr lang als rund, durch zwei ungeheure Ohrmuscheln, die weit von ihm abstehen, verunziert. Sein kurzes, schwarzes Haar ist struppig und war so widerspenstig, daß es sich keinem Kamm und keiner Bürste beugen wollte; am liebsten hätte jedes Härchen senkrecht vom Kopfe abgestanden. Wenn man den Kopf zu dem übrigen Körper ins Verhältnis setzte, schien derselbe viel zu klein zu sein, denn

Lincoln maß volle sechs Fuß; er war, wie König Saul, „eines Hauptes länger denn alles Volk". Die Arme waren so lang, daß sie bis an die Kniee reichten, und seine Hände so groß, daß sie wie „gewaltige Anpackemaschinen" aussahen. In Handschuhe wollten sie sich entschieden nicht zwingen lassen.

Also schön war Lincoln nicht, aber liebenswürdig und ungemein wohlwollend war er.

Seht Euch sein Auge an! Für gewöhnlich blickte es so schwermütig, das große, dunkle Auge, als ob er ein tiefes Weh in seinem Herzen trüge. Wenn er aber sprach, namentlich wenn er zum Volke von den Leiden der armen Schwarzen sprach, da strahlte es in einem unbeschreiblichen Glanze, da verklärte sich sein ganzes Gesicht, und seine einfachen Worte klangen so wahr, so überzeugend, daß er die Herzen aller Gutgesinnten gewann.

„Das Auge ist der Spiegel der Seele," sagt das Sprichwort. Welch' heiliges Feuer mußte in der Seele dieses Mannes brennen, da der Widerschein desselben so unbeschreiblich schön war!

Seht Euch noch seinen Mund an!

Ein tiefer Zug von Wohlwollen umspielt denselben.

Wenn man ihn länger betrachtet, ist es, als müßte er sich jeden Augenblick aufthun und ein recht herzliches Wort sprechen! ....

Dieser herrliche Mann hat nun heute, am Karfreitage, dem allgemeinen Wunsche nachgegeben und sich dem Volke gezeigt.

Allgemeiner Jubel hat ihn empfangen; aller Augen haben mit Liebe auf ihm geruht. — Nun hat es hinter den Coulissen zum zweitenmale geklingelt, die Musik hört auf, das Theaterspiel beginnt. „Unser amerikanischer Vetter", ein heiteres Schauspiel, wird gegeben.

Bald blicken alle nach der Bühne und folgen gespannt dem Gange des Stückes.

Alle? — Nein, nicht alle!

Dort oben, rechts vom Präsidenten, in einem dunklen Gange, steht ein junger Mann, bleich, die Augenbrauen finster zusammengezogen. Der Mund ist fest geschlossen und von einem starken, schwarzen Schnurrbart fast überdeckt. Eine fürchterliche Entschlossenheit spricht aus seinen Augen, aus allen seinen Zügen.

Er scheint den besseren Ständen anzugehören; denn er trägt einen schwarzen Frack, feine schwarze Beinkleider und Sporen an seinen zierlichen Stiefeln. Nur sein unordentliches, struppiges Haar scheint nicht recht zur übrigen Erscheinung zu passen.

Wer ist der Mann?

Es ist ein Schauspieler, Wilkes Booth mit Namen. Er kennt die Räume des Theaters ganz genau, denn er hat bis zum Beginn des Krieges in demselben gespielt. Er hat auch den dunklen Gang gekannt, in dem er jetzt schon stundenlang steht. Beim Ausbruche der Feindseligkeiten hat er das Theater verlassen und ist in das Lager der Feinde übergegangen.

— Was will der Mann aber hier? Was braucht er sich zu verstecken? Nun, er hat einen sechsläufigen Revolver in der Hand; in seinem Gürtel steckt ein langes Messer. Jetzt legt er sein Auge an ein Loch, welches er in die zum Präsidentenstuhle führende Thür gebohrt hat, und schaut hindurch.

„Dort sitzt er!" flüstert er für sich hin. „Du mußt sterben, und wenn es mein Leben kostet! — Trifft die erste Kugel nicht, dann trifft die zweite; — aber sterben mußt Du!"

„Und dann bist Du ein Mörder!" ruft eine Stimme in ihm.

Er hört nicht darauf; er will nicht umsonst so weit gereist sein; er will nicht umsonst so viele Stunden in dem Gange gelauert haben, er will seinen Freunden, den Südern, nicht wortbrüchig werden, und er hat ihnen geschworen: „Lincoln stirbt durch mich! Ich werde das Unglück des Südens an ihm rächen!"

Noch einmal faßte seine Hand das Messer und untersucht, ob es auch locker in der Scheide steckt; dann öffnet er leise, ganz leise die Thür, duckt sich nieder und schleicht einen Schritt vorwärts. Schnell fährt er wieder in sein Versteck zurück; denn Lincoln hat mit dem Stuhle gerückt.

Man klatscht einem Schauspieler unten „Bravo"; denn er hat eben eine treffende Anspielung auf die Niederlage des Südens anzubringen gewußt.

Das allgemeine Geräusch hat den Rückzug des Mörders gedeckt.

„Verdammte Memme!" schimpft er sich. „Jetzt wäre es gerade an der Zeit gewesen, ihm die Freude über unsere Niederlage einzutränken."

Wieder legt er sein Auge an das Loch in der Thür.

Die Zeit vergeht; es ist schon halb elf Uhr; bald muß das Schauspiel zu Ende sein.

„Jetzt oder nie!" — spricht Booth — „sterben muß er!"

Er wagt sich das zweite Mal vor, und nichts stört ihn. Er steht dicht hinter dem Präsidenten; die große Sessellehne verbirgt ihn. Seine Linke hält den Dolch, seine Rechte hebt den Revolver. Niemand bemerkt ihn. Er zielt so ruhig und sicher, als ob er nach der Scheibe zielte.

Plötzlich kracht ein Pistolenschuß durch die Räume des Theaters. Es entsteht eine ungeheure Verwirrung: Die Schauspieler hören mitten im Worte auf und unterbrechen das Spiel. „Beim Teufel, wer schießt?!" rufen die Männer! „Ach Gott, ein Unglück!" schreien die Damen.

Alles springt wütend oder bestürzt auf . . . . Da . . . .! plötzlich Todtenstille!

Ein junger Mann, sein großes blankes Messer in der Faust, springt mit gewaltigem Satze von der Loge des Präsidenten nach der Bühne, d. h. auf den Raum, wo die Schauspieler spielen.

„Freiheit!" schreit er!

Er trägt lange Sporen an seinen Stiefeln. Damit verwickelt er sich in die große Fahne, das „Sternenbanner", welche bei dem Platze des Präsidenten aufgestellt ist, und stürzt hin. Einen Fetzen hat er herausgerissen. Rasch springt er wieder auf, schwingt sein großes Messer und mit dem Rufe: „Der Süden ist gerächt!" verschwindet er in den Coulissen-Räumen.

Gleich darauf hörte man den Hufschlag eines davongaloppierenden Pferdes. Er hatte also einen geheimen Ausweg gewußt und sich davon gemacht. Es war der Mörder Booth, der so lange in dem dunklen Gange gelauert hatte. Seine Kugel hatte den Kopf des Präsidenten durchbohrt, in schräger Linie von dem linken nach dem rechten Ohr war sie durch den Kopf gedrungen; — er verlor alsbald das Bewußtsein und gewann es nicht wieder.

Warum hat denn niemand den Mörder aufgehalten? Nun, zwischen dem Schuß und dem Davonsprengen des Pferdes waren kaum zwei Minuten vergangen, viel zu wenig Zeit für die große Menge, um bei dem allgemeinen Tumult die nötige Fassung zu erlangen. Nur ein Einziger, ein Major, der mit Lincoln gekommen war, besaß die Geistesgegenwart, den Mörder gleich nach dem verhängnisvollen Schuß am Rock festzuhalten. Da ließ dieser seinen Revolver fallen und stieß mit dem Dolche nach der Brust des Gegners. Dieser hielt jedoch schnell den Arm vor und fing den Stoß auf. Er wurde schwer verwundet und ließ los. Diesen einzigen Augenblick benutzte Booth, sprang auf die Brustwehr und entkam, wie ich Euch schon oben erzählt habe.

Laut klagend drängte man sich um den besinnungslos daliegenden Präsidenten.

„Wenn er doch nur nicht gekommen wäre," schluchzte die Dame, die Lincoln vorhin so lebhaft erwartet hatte.

„Seinem Schicksal kann niemand entgehen!" erklärte ihr Freund.

„Er wollte es auch nicht!" mischte sich ein ältlicher Herr ins Gespräch. „Noch heute Nachmittag, kurz zuvor, ehe er in das Theater fuhr, hat man ihn gebeten, doch seine Person besser schützen zu wollen. Was hat er geantwortet? Ein Paket Briefe hat er aus seinem Schreibpult geholt und gesagt: „Meine Herren! Hier haben Sie eine ganze Anzahl Drohbriefe, deren jeder mir die Ermordung in Aussicht stellt. Ich müßte sehr nervös sein, wenn ich über diesen Gegenstand lange nachdenken wollte.

„Auch habe ich alle Gedanken mit folgender Erwägung abgewiesen: Der Gelegenheiten, mich zu ermorden, giebt es täglich so viele, daß, wenn Verräter wirklich mit solchen Gedanken umgingen, ich bei dem besten Willen einem solchen Schicksale nicht entrinnen könnte. Was soll ich mir daher unnütze Sorgen machen? Mein Leben steht in Gottes Hand!"

„Mag sein," nahm der erste Herr wieder das Wort, „für den Schurken, der das gethan, ist eine Kugel zu wenig!"

„Nur erst haben!" gab man zurück.

„Er wird nicht weit reiten!"

So wurde vieles hinüber und herüber gesprochen, mancher Seufzer ausgestoßen und manche Thräne geweint, während die nächste Umgebung den Besinnungslosen in ein naheliegendes Haus brachte, wo er alsbald verschied, trotz ärztlicher Bemühungen.

Was thaten aber die „schwarzen" Verehrer des Vater Abe?

Gleich, als der Mörder entsprang, setzten auch sie über die Köpfe der Vorsitzenden hinweg, stürzten zur Thür hinaus, rannten die Treppe hinunter und dem Mörder nach, laut heulend und Verwünschungen ausstoßend. Freilich vermochten sie nicht ihn einzuholen; dennoch rannten sie.

Da galoppierten einige Pferde hinter ihnen.

„Wo wollt Ihr hin, Niggers?"

„Da — nach! Hat Massa erschossen!"

„Wohin, wohinzu ist der Mörder?"

„Sein die Allee hinaus, Massa, links weiter!"

„Was ritt er für ein Pferd?"

„Sein geritten auf einem schwarzen Pferd, Massa!"

„Gut! — Geht nach Hause, Niggers!"

„Niggers wollen laufen mit und fangen! — Vater macht tot!

„Geht nur zurück, gute Niggers; Ihr könnt ihn doch nicht einholen. Wir wollen ihn schon fangen, und er soll seiner Strafe nicht entgehen!"

Und die Neger heulten und gingen heim.

Bald hallte durch das ganze Land die Trauerbotschaft: „Auf den Präsidenten ist geschossen!" und der Schmerzensruf: „Er ist tot! — Unser guter Vater Abe ist tot!"

Gar mancher, der ihn in seinem Leben nie gesehen, weinte ihm eine Thräne nach. Der Ruf seiner Thaten hatte ihm aller Herzen gewonnen. Viele Tausende eilten herbei aus allen Gegenden des weiten Landes, wenigstens noch einen Blick auf das bleiche Antlitz des Vaters zu werfen. Weiße und Schwarze, Männer und Frauen drängten sich um das Kapitol in Washington, wo die Leiche des Gemordeten auf einem prächtigen Paradebette ausgestellt war.

So viele wußten zu erzählen von dem freundlichen Blick jener Augen, die sie so oft wohlwollend empfangen, getröstet und ermutigt entlassen hatten, ... und nun waren sie geschlossen für diese Erde!

So viele wußten von jenem Munde zu rühmen, der „stets das Recht verteidigt, die Unschuld nie beleidigt" und nun geschlossen sein mußte, nur noch ein stummer und doch beredter Ankläger seines Mörders.

Am 19. April wurde die Totenfeierlichkeit in Washington veranstaltet. Das ganze Land trauerte mit; Kanonenschüsse und Glockengeläute vereinigten sich, das Leid des Landes auszuklagen. Die Kaufmannsgeschäfte blieben geschlossen, und schwarze Fahnen deuteten die Trauer an, die in alle Häuser, in alle Herzen eingezogen war. Brünstige Gebete schwangen sich auf zum ewigen Vater für den Dahingerafften, für das trauernde Land.

Von Millionen beweint, von Tausenden begleitet, fand der Präsident Lincoln seine letzte Ruhestätte auf

Lincoln's Ermordung

dem „Grünen Eichenkirchhofe" im Orte Springfield, den er, seiner einsamen und doch so anmutigen Lage halber, vor vielen anderen geliebt hatte.
Auf seinem Leichenstein steht:
„Hier ruht Alles, was von Abraham Lincoln sterblich ist.
Der unsterbliche Lincoln?! —
Heil ihm auf immer!"
Und sein Mörder?
Jene Reiter haben sich ihm an die Fersen geheftet, wie der Fluch seiner That. Er ist nicht zu weit geritten!
Bei dem Sprunge von der Loge auf die Bühne hatte sich Booth den Fuß verletzt. Die ganze Nacht hindurch war er trotzdem scharf zugeritten. Endlich konnte er nicht weiter. Er kehrte in einem abgelegenen Wirtshause ein, um sich Linderung seiner Schmerzen zu verschaffen und neue Kräfte zur weiteren Flucht zu sammeln.
Dort überraschte man ihn.
„Umsonst! — Umsonst!" rief er, als er seine Verfolger erblickte.
Sein Revolver krachte, und er lag tot vor ihnen.
So fügte der unglückliche Verblendete seinem ersten Verbrechen noch ein zweites hinzu, um seiner gerechten Strafe zu entgehen.

Zweites Kapitel.
Abes Vaterhaus.

„Der reichste Mensch ist der, welcher die wenigsten Bedürfnisse hat," sagt ein weiser Mann.

In diesem Sinne waren Abes Eltern reich, wenn auch ihre Hütte arm und ihr Besitztum klein war. Im Urwalde kennt man das Wohlleben nicht, wie es der reiche Mann in der Bibel führte, der sich in Purpur und köstliche Leinwand kleidete und alle Tage herrlich und in Freuden lebte.

Abes Vater — Thomas Lincoln — hatte sich im Jahre 1806 im Staate Kentucky niedergelassen. Sein Haus baute er sich selbst. Der Urwald war nicht weit, und er war ein großer, kräftiger Mann. Von den gewichtigen Streichen seiner gewaltigen Axt waren bald Bäume genug gefallen. Er befreite sie von ihren Ästen, sägte gleichlange Klötzer daraus und legte sie ohne weitere Bearbeitung im Viereck so übereinander, wie Dorfjungen die Lindenstäbchen, wenn sie einen Meisekasten bauen. Durch hölzerne Nägel wurden sie zusammengehalten. In einer Höhe von etwa zehn Fuß begann der Giebel und das aus Stroh gefertigte Dach.

Da das Haus immer noch zu den besseren gehören sollte, ließ es sich Thomas nicht verdrießen, auch noch eine Menge Balken zuzuhauen, um seine Zimmer mit Dielen zu versehen. Die Balken legte er zwischen den vier Wänden dicht nebeneinander auf die Erde, und die Diele war fertig. Selbst zwei Fenster konnte seine Wohnung aufweisen. Dielen und Fenster, — das war schon ein Luxus; gar viele Häuser konnten sich dessen nicht rühmen.

Damit die Wände dieser selbstgebauten Wohnung nicht so kahl und öde dastehen sollten, schmückte sie Thomas mit Äxten, Beilen, Bohrern, Messern und anderen Handwerkszeugen. Eine standhafte Doppelbüchse hatte ihren Platz dicht neben der Thür; sie war sorgfältig geputzt und immer geladen.

Wie die Wohnung, so verfertigte Thomas auch das Hausgerät selbst, alles aus Holz: Bett, Schemel, Tisch, Schäffer und Eßgerätschaften. Von den letzteren bedurfte es keiner großen Auswahl; denn die Nahrung der Ansiedler bestand in Wildpret, das am Spieße gebraten wurde, in Maisbrot und Milch zum Morgen- und Abendbrot, und etwa noch in gekochtem Welschkorn, das als Zugemüse zum Braten dienen mußte.

Nach Verlauf eines Jahres fand es Thomas für gut, das Hausgerät um eine Wiege zu vermehren. Ein kleines Töchterchen nahm Besitz davon. Zwei Jahre später arbeitete der Vater für dasselbe ein kleines

Bett, und am 12. Februar des Jahres 1809 hatte der nachmalige Präsident der Nordamerikanischen Freistaaten, Abraham Lincoln, die Gewogenheit, jene kleine Wiege als bequemes Quartier für die erste Lebenszeit zu beziehen.

Die Mutter hat es dem Knaben wohl nicht an der Wiege gesungen, was er einst werden sollte; dennoch pflegte sie ihn bei aller übrigen Arbeit mit vieler Sorgfalt; denn sie hatte nicht nur einen klaren, gesunden Verstand, sondern auch ein christliches, weiches Gemüt. Sie war eine wahrhaft fromme Frau.

Bald war der Knabe groß und stark genug, um auf eigenen Füßen gehen und stehen zu können.

Beinahe acht Jahre brachte der kleine Abe, wie man den Knaben rief, in dem Hause seiner Geburt zu, und schon in dieser Zeit bildete sich sein Gemüt nach dem der Mutter.

Es gab damals in Amerika noch keine öffentlichen Schulen. Abes Eltern aber wünschten, daß ihr Sohn, der einen so regen Geist besaß, daß er die Mutter den ganzen Tag mit Fragen plagte — etwas mehr lernen sollte, als sie es gekonnt hatten. Der Vater verstand weder zu lesen noch zu schreiben; die Mutter verstand wenigstens das erstere, konnte es aber ihrem Söhnchen nicht beibringen.

Da wohnte eine Viertelstunde von Lincolns Master Zacharias Riney, der zwar eines anderen Glaubens, aber doch ein gescheiter Mann und herzlicher Kinderfreund war. Also nahm die evangelische

Hausfrau nicht Anstand, ihren kleinen Liebling zu einem katholischen Manne in die Schule zu schicken.

Der Schulweg des neuen A=B=C=Schützen ging durch die Plantage eines Sklavenhalters. Das erste Mal ging die gute Mutter mit ihm.

Als sie von ihm wegging, machte er kein Geschrei zum Ohrenzerreißen und hielt sie nicht an der Schürze fest, wie manche kleine Jungen bei uns thun; denn so klein Abe auch noch war, er wollte doch die Kunst lernen, aus einem so großen Buche lesen zu können, wie es die Mutter des Sonntags that. Das zweite Mal begleitete ihn die Schwester; das dritte Mal mußte er allein gehen. Es war schon in den späteren Nachmittagsstunden; denn bis dahin hatte Herr Zacharias anderes zu thun, als Schule zu halten.

Als der kleine Schüler durch die Besitzung des Sklavenhalters wollte, vertrat ihm ein großer Hund den Weg, gewiß wollte er sich zu der Schnitte zu Gaste laden, die der Kleine in der Hand trug. Abe wollte an ihm vorbei. Der Hund knurrte und ließ ihn nicht. Da weinte der kleine Kerl und wagte nicht sich zu rühren, bis er eines Sklaven ansichtig wurde. Demselben rief er zu: „Schwarzer Mann, der Hund will mich beißen! Hilf mir!" Der schwarze Mann kam und drohte dem Hunde mit dem Stocke, was der Hund jedoch gewaltig übelnahm. Er machte einen Satz, um den Sklaven zu packen; da er aber einen derben Schlag über die Nase erhielt, lief er heulend davon.

Das hatte der junge Herr gesehen, der in einer Laube nicht weit davon sich schon lange an der Ver=

legenheit des kleinen Abe geweidet hatte. Sein Lieblingshund war geschlagen worden, war von einem Schwarzen geschlagen worden, und warum? weil er seinem Herrn Vergnügen bereitet hatte. Das war zu viel!

Der erzürnte junge Herr stürzte herbei, eine Reitgerte in der Hand, und hieb den armen Sklaven damit wütend über Kopf und Rücken. Der kleine Abe erschrak dermaßen, daß er wie ein gehetztes Wild davon rannte.

Der Vater fragte ihn, warum er so gesprungen sei. Er antwortete nur: weil er sich gefürchtet habe. Aber als ihn die Mutter zu Bett gebracht und das Vaterunser mit ihm gebetet hatte, konnte er es nicht übers Herz bringen, er mußte ihr alles sagen.

Die Mutter beruhigte ihn: der Hund habe nur mit essen wollen. Dann schalt sie auf den lieblosen jungen Herrn und trug ihrem Söhnchen auf, daß es sich bei dem Schwarzen bedanken müsse, wenn es ihn wieder sähe.

Den anderen Tag besuchte Abe die Schule nicht, denn es war ein Sonntag.

Den Montag darauf kam er glücklich in die Schule und wieder zurück, ohne weder Freund noch Feind gesehen zu haben.

Dienstags sah er seinen Retter. Er ging zu ihm und bot ihm seine Butterschnitte an, zum Dank für seine Hilfe.

Der Alte nahm sie, grinste freundlich und sprach: „Wirst werden guter Massa!"

„Du darfst auch einmal zu uns kommen, Mutter hat's gesagt," meinte der Kleine.

Der Schwarze schüttelte seinen Wollkopf und biß in seine Butterschnitte; des anderen Tages aber schenkte er dem kleinen Abe eine schöne, große Blume.

Beide trafen sich nun öfter, und Abe freute sich darüber, wenn sein schwarzer Freund die großen Buchstaben in seiner Fibel so verwundert anstarrte und sich bemühte, ihre Laute nachzusprechen.

Eines Tages kam unser Abe sehr erfreut aus der Schule zu seinem Schwarzen gesprungen; er hatte zum erstenmale das ganze englische A=B=C gekonnt und wollte es demselben aufsagen. Da kam der junge Herr mit seinem Hunde dazu und schrie:

„Kleiner Schlingel, was geht Dich denn die schwarze Kanaille an? Gleich packe Dich, oder ich hetze den Hund!"

Geschwind sprang Abe fort. Um ihn aber noch mehr zu ängstigen, schnalzte der junge Herr mit der Zunge und that, als ob er den Hund hetze.

Atemlos kam Abe nach Hause und erzählte dem Vater, was ihm begegnet war. Das erste Abenteuer mit dem Hunde hatte dieser bereits durch die Mutter erfahren.

Vater Thomas beklagte sich bei seinem Nachbar über das Benehmen des jungen Pflanzers, bekam aber nur höhnische Reden zur Antwort, so daß sich zwischen beiden ein Zwist entspann.

Abe durfte zu Zacharias nicht mehr in die Schule gehen, denn der Weg durch Nachbars Garten war ihm verboten, und einen anderen gab es nicht.

Da brachte ihn die Mutter zu einem anderen Manne, der ebenfalls eine Privatschule leitete, Kaleb Hagel hieß er. Er konnte seinen Schülern nur Lesen und Schreiben beibringen, und Abe konnte gar nur buchstabieren bei ihm.

Einen unfreundlichen Nachbar haben ist überall schlimm, unerträglich aber ist es in einer Ansiedelung, wo so oft gegenseitige Hilfsleistungen erforderlich sind, wäre es auch nur, um Haus und Hof gegen feindliche Überfälle zu schützen. Deshalb hatte Thomas Lincoln, seitdem er ohne seine Schuld mit dem Nachbar in Feindschaft geraten war, daran gedacht, seine Besitzung zu verkaufen und fortzuziehen; es hatte sich nur kein Käufer gefunden. Jetzt bot ihm einer zehn Fässer Branntwein und zwanzig Dollar Silber dafür, und er ging den Handel ein.

Im Herbst des Jahres 1816 setzte sich die kleine Karawane in Bewegung; sie wandte sich nach Norden, nach dem südlichen Theile von Indiana.

Mutter und Tochter saßen auf einem schwer bepackten Karren; der Vater ging, die Flinte über den Rücken geworfen, nebenher, und der kleine Abe hatte die wichtige Aufgabe, die mageren Pferde zu leiten und anzutreiben, wenn der Weg nicht allzu uneben und gefährlich war.

Nach mühsamer Fahrt kamen die Reisenden am Ohio an, den die Indianer den schönen Fluß nennen. Sie achteten wenig auf seine Schönheit, sondern dachten nur daran, daß sie noch ein gutes Stück Weg hätten bis zum Orte ihrer Niederlassung.

Der Pflanzer

Ohne Schaden zu erleiden, fuhren sie auf einer Fähre über den Fluß und setzten jenseits desselben ihre Wanderung fort.

Endlich kamen sie bei einer klaren, sprudelnden Quelle an. Abe nahm eine hölzerne Schale und holte seiner matten Schwester einen Trunk zur Erfrischung. Das Wasser war gut, und die ganze Gegend gefiel dem Vater. So wurde denn zwischen Vater und Mutter beschlossen, dort sich zum zweitenmale niederzulassen, mitten in der Wildnis.

Es galt zunächst, wieder eine Wohnung zu bauen. Der kleine Abe bekam auch eine Axt in die Hand. Wenn der Vater einen Stamm gefällt hatte, war es seine Arbeit, die Äste desselben möglichst glatt abzuhauen. Die Schwester schleppte sie fort, und die Mutter besorgte die sonstigen Geschäfte.

Schon nach drei Tagen durfte Abe nicht mehr unter freiem Himmel schlafen. Wenn er die in der Stube angelegte Leiter, die statt einer Treppe nach oben führte, erklommen hatte, befand er sich in seinem Schlafkabinett. Von Betten war keine Rede; zwei wollene Decken genügten ihm vollkommen. Eine vertrat die Stelle des Unterbettes, die andere die des Oberbettes.

Abe schlief so süß und angenehm, wie es mancher nicht kann, der auf Eiderdaunen ruht; das machte: er arbeitete am Tage fleißig und beschwerte sein Gewissen nicht durch Ungehorsam gegen seine Eltern, war also ein gesunder Junge an Leib und Seele.

Drittes Kapitel.
Ein Sonntag im Urwalde.

Heilige Gefühle durchziehen das Herz des Menschen, wenn er am Sonntagmorgen durch das blühende, stille Feld schreitet, über welches die frische Morgenluft wie ein Hauch Gottes dahin weht; da wird das Herz so weit, so ruhig, so sehnsüchtig nach Gott, so dankerfüllt gegen seine Güte. Dann tönen hell die Glocken; sie tönen nah und fern und wollen alle locken ins hohe Haus des Herrn. Das Herz des Christen folgt gern ihrem Rufe. Auch das Kind geht an der Hand des Vaters oder der Mutter gern in die Kirche und hört andächtig der Predigt von den Wundern Gottes zu und stimmt mit ein in den Dank, der aus aller Herzen schallt. Mag dem Kinde bei der gottesdienstlichen Feier auch noch manches unverständlich bleiben, — es fühlt den Segen des Sonntags.

Wie ist's aber im amerikanischen Urwalde?

Dort läuten keine Glocken, dort öffnen sich keine Kirchthüren, dort wohnt kein Prediger des Friedens, dessen Stimme man lauschen könnte. Sehr selten kommt ein Reisepastor zu den verstreuten Familien des Urwaldes. Der Tag, an dem es einmal geschieht, wird zu einem hohen Festtage. Er tauft die Kinder, die seit seiner letzten Anwesenheit geboren worden sind, und feiert mit den Eltern das heilige Abendmahl. Dort giebt es Täuflinge von zwei, drei, vier bis sechs Jahren.

Bei uns werden die Leute, die am Sonntag öffentlich arbeiten, von der Obrigkeit bestraft. Im Urwalde giebt es kein anderes Gebot, den Feiertag zu heiligen, als das des lieben Gottes, und dennoch wird der Sonntag recht heilig gehalten.

In Abes Familie war es die gute Mutter, die es sich angelegen sein ließ, die Herzen ihrer Familie zu Gott hinzulenken.

Einer Sonntagsfeier im elterlichen Hause gedachte Lincoln noch oft auch in späteren Jahren.

Nachdem Abe bei Kaleb Hazel buchstabieren gelernt hatte, war es der Mutter möglich geworden, ihn im Lesen einigermaßen zu fördern. Sein Sehnen stand danach, auch in dem „großen Buche", wie die Mutter, lesen zu können, darum gab er sich große Mühe, schnelle Fortschritte zu machen.

Ein halbes Jahr vor dem Tode der braven Mutter ging sein sehnlicher Wunsch in Erfüllung. Eines Montags bekam er die Bibel in die Hand, und die Geschichte von Moses und dem brennenden

Busche wurde ihm aufgesucht. Es war der Abschnitt, welcher für den nächsten Sonntag an der Reihe war. Die Mutter wählte die betreffenden Abschnitte nach einem Bibelzettel, den ihr ein Reiseprediger zurückgelassen hatte.

Jeden Tag studierte Abe seine Lektion unter Beihilfe der Mutter, aber in Abwesenheit des Vaters, um diesem am nächsten Sonntag eine freudige Überraschung bereiten zu können.

Schon der Sonnabend Abend strahlte im Glanze der Sonntagsfreude. „Morgen ist Sonntag!"

„Sonntag!" frohlockte der Knabe, als er die Leiter hinauf nach seinem Schlafgemach kletterte.

Die Mutter nickte ihm lächelnd zu.

Die Sonntagssonne schien hell zum Fenster herein, als die Familie Lincoln beim Frühstück saß. Nach Beendigung desselben griff der Vater, wie gewöhnlich des Sonntags, auf das Brett über der Thür, langte die große Bibel herunter, reichte sie der Mutter hin und faltete dann die Hände. Wie erstaunte er aber, als die Mutter das heilige Buch ihrem Söhnchen hinlegte, dessen Augen vor Freude strahlten.

Die liebe Schwester nahm herzlichen Anteil an seiner Freude; ihr waren freilich die großen Buchstaben der Bibel Rätsel, die sie nicht zu lösen vermochte.

Abe las und las und blieb nicht stecken; den ganzen Abschnitt las er richtig zu Ende. Er hatte gut gelernt.

Die Mutter, die in ihrer weißen Haube recht ehrwürdig aussah, ergriff dann das Wort zu einer erbaulichen Auslegung. Sie hob namentlich hervor, daß der liebe Gott nicht Gefallen habe an hochmütigem Sinn, sondern daß er diejenigen zu seinen Werkzeugen erwähle, die ein frommes, demütiges Herz und einen klugen Verstand hätten. „Seid klug wie die Schlangen und ohne Falsch wie die Tauben", hat der Herr Jesus gesagt, — fügte sie hinzu. Dann wies sie auf das Volk Israel hin, wie es in der Knechtschaft Ägyptens seinen Gott vergessen hätte.

„Ja," meinte der Vater, „der liebe Gott will nicht, daß ein Mensch des andern Sklave sei. Alle Menschen sollen untereinander Brüder sein. Wem die Freiheit genommen wird, der wird gar bald ein roher Mensch, der lebt wie das Vieh und denkt nicht an den lieben Gott."

„Lieber Vater," bemerkte Abe, „wo wir früher waren, gab es ja aber so viele Sklaven. Herr Dawis hat es wohl nicht gewußt, daß der liebe Gott keine Sklaven haben will."

„Das weiß er recht gut," antwortete der Vater, „aber er ist selbst zu gottlos, als daß er nach Gottes Willen etwas fragen sollte. Der Geiz läßt es ihm nicht zu. Aber es wird schon die Zeit kommen, wo der liebe Gott auch den armen Schwarzen einen Moses senden wird."

Des Knaben Augen funkelten. „Vater," sagte er, „ich werde recht arbeiten, und wenn ich reich bin, kaufe ich den bösen Sklavenhaltern alle Sklaven ab und schenke ihnen die Freiheit. „Und weißt Du, wen ich zuerst kaufe?"

„Nun?"

„Den guten Tom, der mir geholfen hat, wie mich der große Hund beißen wollte."

Vater und Mutter lächelten über des Knaben Einfalt, freuten sich aber über seine Begeisterung.

„Der liebe Gott wird sich wohl nach einem anderen umsehen müssen," scherzte die Mutter, „denn so viel Geld kannst Du nicht verdienen."

Zum Schluß der Erbauungsstunde betete die Mutter einige Worte, und die sittsame Tochter sprach das Vaterunser. „Amen!" ertönte dann aus aller Munde.

Der Vater stand stillschweigend auf, legte die Bibel wieder an ihren Ort und ging dann an seinen Quersack, den er mit auf der letzten Reise gehabt hatte. Er brachte ein kleines Päckchen heraus; es war in graues Papier gehüllt und mit Bindfaden zugeschnürt.

„Hier, mein Sohn," sagte er, „habe ich ein Geschenk für Dich. Ich wollte es Dir geben, wenn Du würdest ordentlich lesen können. Weil Du nun heute Deine Sache so gut gemacht hast, sollst Du es jetzt schon haben."

Er machte das Päckchen auf, und ein kleines Buch kam zum Vorschein. Sein Titel war „des Christen Pilgerfahrt", — natürlich in englischer Sprache.

Wie sich der Knabe freute, können wir uns kaum denken, weil wir, so zu sagen, von der Wiege an mit Büchern bedacht werden. Es war das erste Buch, welches Abe, außer der nun schon zerrissenen Fibel, sein eigen nennen konnte. Und er wollte gern recht viele Bücher haben, um ein gescheiter Mann zu werden.

Mit freudigem Danke nahm er das Buch zu sich und war dann verschwunden. Er wollte mit seinem Schatze allein sein.

Draußen im Urwalde finden wir ihn wieder. Unter einer riesigen Föhre hat er sich niedergestreckt und müht sich, Satz für Satz zu entziffern und seinen Inhalt zu begreifen.

Um ihn herum fliegen die bunt gefiederten Sänger des Waldes von Baum zu Baum, hüpfen sie von Zweig zu Zweig, — er sieht sie nicht. Ihr Gesang ist wenig geeignet, seine Aufmerksamkeit zu fesseln; denn die amerikanischen Vögel haben zwar sehr schöne Farben, aber in der Sangeskunst sind sie weit zurück, die amerikanische Nachtigall etwa ausgenommen.

Der Wind streicht durch den Wald. Die alten Bäume ächzen und stöhnen; ihre Zweige und Blätter summen Schlummerlieder.

Abe ist müde geworden. Er legt das Buch weg und sinnt über das Gelesene nach. Er verliert den Gedankenfaden und kommt auf die Morgenlektion von Moses, dem der Herr im feurigen Busch erschien, dann auf den alten Tom, der ihn von dem Hunde befreite, welcher ihn beißen wollte. Auch dies Bild verwirrt sich. Er sinnt und sinnt, — aus dem Sinnen wird ein Träumen, — er schläft ein. Er sieht im Traume den feurigen Busch und Moses, den Mann Gottes, wie er darauf zuschreitet. Da erschrickt er und wacht auf.

Der Wald scheint wirklich in Flammen zu stehen, denn es blitzt unaufhörlich. Des Donners gewaltige Stimme rollt hernieder und verliert sich als dumpfes Grollen in der Tiefe des Urwaldes.

Abe fürchtet sich nicht, der liebe Gott spricht ja aus dem Feuer.

Schon fallen einzelne gewaltige Tropfen. Er eilt mit seinem lieben Buche nach Hause, um nicht vom Regen überrascht zu werden.

Das war ein Sonntag, dessen Eindruck in dem innigen und sinnigen Gemüt Lincoln's haften blieb bis in sein Mannesalter.

Viertes Kapitel.
Abes erster Brief.

Die Mutter unseres kleinen Helden freute sich im innersten Herzen über ihren begabten und strebsamen Sohn. Sie konnte es nicht unterlassen, der Frau Bruner, die seit einiger Zeit ihre Nachbarin war und mit ihr gute Freundschaft hielt, von ihrer Freude zu erzählen.

„Wart'," sagte diese, „ich habe ein Buch, das wird Deinem Kleinen noch mehr Freude machen als das, welches ihm der Vater geschenkt hat; denn er wird es besser verstehen. Es sind lauter kleine Geschichten von Tieren darin. Die Sache ist so dargestellt, als ob die Tiere reden könnten."

Sie brachte Äsop's Fabeln.

Von diesen fühlte sich Abes lebhafter Geist freilich mehr angezogen als von des Christen Pilgerfahrt, denn er verstand sie wirklich besser. Er las so oft in seinem neuen Buche, daß er nach und nach den größten Teil der darin enthaltenen Fabeln seinem

Gedächtnis eingeprägt hatte. In seiner späteren Lebenszeit fand er oft Gelegenheit, aus diesem Jugendschatze zu schöpfen, und er that es mit besonderem Vergnügen.

Frau Bruner war durch ihr Geschenk in Abes Gunst bedeutend gestiegen. Auch der Mutter war sie eine noch liebere Freundin geworden.

Eines Abends, nachdem Abe einige seiner Fabeln zum besten gegeben hatte, sagte Frau Bruner zu Frau Lincoln:

„Weißt Du, Dein Junge müßte auch schreiben lernen. Dein Mann kann nicht schreiben, Du kannst nicht schreiben — da wirst Du's wohl schon manchmal gemerkt haben, wie sehr's einem fehlt, wenn man nicht einmal einige Zeilen aufsetzen kann."

„Du hast recht, es fehlt einem gar sehr; aber man hat keine Gelegenheit zum Lernen gehabt."

„Und was ist der Herr Hanks" — fuhr Frau Bruner fort, — „für ein angesehener Mann, bloß, weil er mit seiner Schreibkunst dem und jenem aus der Verlegenheit helfen kann."

„Du hast ganz recht, aber wie es machen?"

„Geh' nur einmal zu ihm, vielleicht geht er Deinem Jungen ein bischen zur Hand."

Den andern Tag schon nahm Abe Schreibstunde bei Herrn Hanks; denn lange zu zaudern lag eben nicht im Lincoln'schen Blute, wenn es einer guten Sache galt.

Da unter den Ansiedlern eben kein Überfluß an Tinte, Federn und Papier war, so schrieb Abe zu-

nächst mit Kreide oder mit einem halbverkohlten Holz=
stabe auf ein Brett. Ja, wenn er bei seiner Feld=
arbeit einen Augenblick ruhen mußte, weil ihm der
Rücken weh that, nahm er das erste, beste Stück
Holz und zeichnete die Buchstaben in den weichen
Boden.

Es dauerte nicht lange, so hatte er alle Buchstaben=
formen im Kopfe und in der Hand.

Wie freute er sich, als er das erste Mal mit
einem Zaunpfahl — denn er machte eben Zaun=
stangen — seinen Namen geschrieben hatte! Freilich
sah es aus, wie mit dem Zaunpfahl geschrieben.

Abe wollte auch zierlicher schreiben können.

Im Walde hatte er eine Feder gefunden, die
schnitt er sich mit dem Brotmesser einigermaßen zu=
recht, dann machte er sich Tinte aus Ofenruß und
schrieb — auf Birkenrinde.

Herr Hanks war damit ganz einverstanden.
„Wenn sich der Mensch nur zu raten weiß," meinte er.

„Du bist übrigens nicht der Erste, der sich so
geholfen hat. Ich habe einmal von einem Deutschen
gelesen, — wie er hieß, weiß ich nicht mehr, — der
hat es gerade so gemacht. Er ist ein so berühmter
Mann geworden, daß Fürsten= und Grafensöhne aus
der halben Welt zu ihm in die Schule gegangen sind.
So weit wirst Du's freilich nicht bringen."

„Hm," sagte er, mehr für sich, als für seinen
Schüler, „die Deutschen müssen doch nicht so unbe=
hilflich sein, wie man immer sagt. Zwar, wer weiß,
ob es wahr ist, was ich da gelesen habe."

Wir wissen, daß es wahr ist; wir wissen auch den Namen jenes armen Jungen und späteren Aller=Welt=Schulmeisters, — Valentin Trotzendorf.

Abe gelangte auch zu Papier und besser geschnittenen Federn. Er schrieb schöner und schöner, so daß sein Lehrmeister selbst eingestand, er sei von seinem Schüler übertroffen.

Die Eltern waren stolz auf ihren Sohn, und Frau Bruner sparte ihre Lobsprüche nicht; doch dieser blieb nach wie vor ein bescheidener Junge.

Um diese Zeit traf die Familie ein sehr harter Schlag, für die Kinder wohl der härteste ihres Lebens.

Der liebe Gott rief die gute Mutter zu sich. Sie war kränklich geworden, hatte es aber weiter nicht beachtet, war sie doch schon manchmal leidend gewesen und immer wieder gesund geworden. Ein Arzt konnte nicht zu Rate gezogen werden, als es schlimmer wurde, denn es gab keinen in der Nähe. Sie trank zwar diesen und jenen Thee, der ihr geraten wurde, aber es half nichts. Plötzlich fühlte sie die Nähe des Todes. Kaum hatte sie noch Zeit, den Ihrigen die Hände zu reichen, ihrem Manne für seine Liebe und Treue zu danken und den Kindern zuzuflüstern: „Habet Gott vor Augen und im Herzen und hütet Euch, daß Ihr in keine Sünde williget, noch thuet wider Gottes Gebot," — dann schloß sie ihre Augen und entschlief.

Es war ein herzzerreißender Anblick: der jammernde Vater und die laut schluchzenden Kinder am Sterbebette der Mutter!

Frau Bruner und die wenigen übrigen Nachbarn waren selbst so vom Schmerz ergriffen, daß sie kein Wort des Trostes finden konnten.

Der Vater raffte alle Kraft zusammen und ermannte sich zuerst. Es mußte ja an ein Begräbnis gedacht werden. Er holte Feder, Tinte und Papier herzu und sagte zu Abe: „Schreibe nur an den Herrn Pastor. Er soll so gut sein und in den nächsten Tagen zu uns kommen, die Mutter wäre gestorben, und er solle mit bei ihrem Begräbnisse sein."

Abe hatte noch nie einen Brief geschrieben. Er versuchte es, er schrieb, freilich mit blutendem Herzen. Es war ein recht schwerer Brief, mit dem er anfangen mußte.

Mit einfachen, wenigen Worten bat er den Reiseprediger, wenn es ihm möglich sei, zum Begräbnis seiner lieben Mutter zu kommen. Er solle nur ja kommen, die Mutter hätte immer so große Stücke auf ihn gehalten.

Es verging Tag um Tag, der Herr Pastor kam nicht; er mußte wohl nicht daheim gewesen sein.

In Lincoln's Hause war es still, sehr still geworden.

Zwar handhabte Vater Lincoln Axt, Hobel und Säge wie früher, aber kein frohes Lied erklang bei der Arbeit, nur dann und wann stieg ein tiefer Seufzer aus seiner beklommenen Brust. Er zimmerte den Sarg seiner lieben, treuen Gattin, der Mutter seiner Kinder. Die selig Entschlafene wurde hineingebettet zwischen Blumen und duftende Kräuter, von ihren

Kindern gepflückt. Himmlischer Friede ruhte auf ihrem Angesichte.

Unter der großen Föhre, auf Abe's Lieblingsplatze, grub man ihr das Grab, tief genug, um die darin Ruhende vor der Raubgier wilder Tiere zu schützen.

Die Leichenbegleitung war klein; aber es wohnte vielleicht mehr Teilnahme unter ihr, als bei manchem großen, pomphaften Leichenzug der Fall ist.

Da der Geistliche nicht erschienen war, fehlte es an einer Grabrede.

Wozu auch eine Grabrede?

Es wußte ja jedes, was für eine tugendsame, fromme Frau und gute Mutter man dem Schoße der Erde übergab. Das offene Grab in der Wildnis predigte eindringlicher, als es manchem Geistlichen auf unseren Kirchhöfen gelingt.

Man betete ein Vaterunser über dem Grabe, sprach den Segen, schüttete das Grab zu und suchte dann betrübten Herzens die heimatliche Hütte auf.

Abe auch. Er weinte nicht mehr; aber der wehmütige Zug, der seine Lippen umgab, zeigte, daß sich der Schmerz tief in seine Seele gebohrt hatte. Und dieser wehmütige Zug ist ihm geblieben sein Leben lang.

Abes Lieblingsplätzchen hatte nun noch drei Verehrer gefunden: Vater und Tochter und Frau Bruner. Manche Feierstunde führte sie dort zusammen.

Etwa drei Monate nach dem Tode der Mutter kam der alte, würdige Geistliche auf einem mageren Klepper angetrabt. Er hatte Abes Brief vor kurzem erst erhalten, da er bis dahin auf seinen mühevollen Berufsreisen gewesen war.

Das Lob, welches er dem jugendlichen Schreiber zollte, konnte diesen nicht erfreuen, wurde doch die kaum verharschte Wunde wieder aufgerissen, als der Pastor den priesterlichen Segen über das Grab in der Wildnis sprach.

— — Abes Mutter war tot; aber in ihres Sohnes Herzen lebte sie, bis dieses Herz selbst nicht mehr zu schlagen vermochte.

Fünftes Kapitel.
Der Friedensstifter.

Etwa ein Jahr nach dem Tode seiner Frau heiratete Thomas Lincoln eine Witwe aus Kentucky, namens Sally Johnston. Es war dies eine fromme und gebildete Frau, die es sich jederzeit angelegen sein ließ, den beiden Kindern den erlittenen Verlust zu ersetzen. Namentlich lag ihr die Ausbildung des talentvollen Abe sehr am Herzen.

Zu ihrer Freude errichtete ein Herr Crawford in der nun schon stärker bewohnten Kolonie eine Privatschule und hatte bald den Ruf eines verständigen Mannes. Ihm führte die Mutter ihren Liebling zu.

Abe war beinahe dreizehn Jahre alt; aber sein Unterricht war bis dahin, wie wir wissen, im Lesen und Schreiben sehr mangelhaft gewesen, und vom Rechnen verstand er nicht mehr, als er im Häuslichen wegbekommen hatte.

Jetzt hatte er Gelegenheit zum gründlichen Lernen, und er lernte mit solchem Erfolge, daß er Stufe für Stufe höher rückte, bis er der Erste war.

Er bildete sich nichts darauf ein, verkehrte liebevoll mit allen und war stets bereit, seinen weniger begabten Mitschülern mit Rat und That beizustehen. So kam es denn, daß er zu einer Respektsperson für seine Mitschüler wurde. Was Abe sagte, mußte wahr sein.

Nur einer gönnte ihm das Glück nicht, wenn er sich auch freundlich gegen ihn zeigte, das war der „krumme David", von seinen mutwilligen Mitschülern so genannt. Der „krumme David" war so lange Erster gewesen, bis der „lange Abe" ihn von seinem Ehrenplatze verdrängt hatte. Das wurmte ihn tief.

Es wäre unserem Abe leicht gewesen, seinen Feind durch Spott zur Verzweiflung zu treiben, — er hätte alle übrigen auf seiner Seite gehabt, — aber er war sich wohl bewußt, daß man niemanden wegen eines körperlichen Gebrechens verspotten darf. „Wie würde es mir thun," sagte er sich, „wenn mich jemand wegen meiner langen Ohren „Langohr" oder wegen meiner riesigen Arme und meiner ungeschlachten Hände „Orang-Utang" nennen wollte."

Auf Faustkampf durfte der krumme David sich mit keinem seiner Mitschüler einlassen, am allerwenigsten mit Abe, zu dem er sich hinsichtlich seiner Gliedmaßen wie der Frosch zum Storche verhielt. Bei alledem hatte wohl keiner mehr lose Streiche im Hirn und mehr Geschick zu boshafter Neckerei und empfindlicher Rache als gerade er.

So hatte er herausgespürt, wo einer seiner Mitschüler, — der Eleazar, — dem er eben auch nicht grün war, seine Marderfallen hingestellt hatte.

Vor einiger Zeit war er von diesem tüchtig durchgebläut worden; zum Danke dafür sorgte er für einen guten Fang.

Eines Morgens in aller Frühe belief der junge Fallensteller sein Jagdrevier. Er bebte vor Freude, als er schon die erste Falle zugeklappt fand. „Was mag nur drin stecken?"

Vorsichtig untersuchte er. O Ärger! Der Marder, den ihm seine Phantasie schon als ein Prachtexemplar geschildert, hatte sich in eine — tote Ratte verwandelt. Verbost darüber, schleuderte er sie weit fort.

Er kam zur zweiten. Sein gesunkener Mut belebte sich wieder, neue Hoffnung blühte ihm; denn auch sie war zugeklappt. „Gewiß, der zweite Fang wird mich für den ersten entschädigen," tröstete sich der junge Jäger.

Was steckte darin? Ein Eichhörnchenschwanz! Ob der auch so aus Versehen, wie die Ratte, hineingelaufen war? — Es geht dem jungen Leser, wie dem Eleazar, er fängt an etwas zu merken.

Von der dritten Falle hoffte er nichts mehr. Er zerquälte bloß sein Gehirn, wer ihm den Schabernack gespielt haben möchte. Wie denn? Konnte nicht ein Eichhörnchen in die Falle geraten sein und den Schwanz notgedrungen zurückgelassen haben? Eleazar beruhigte sich wieder. Hofft doch auch mancher alte Narr da noch, wo nichts mehr zu hoffen ist.

Die dritte Falle war erreicht. Ziemlich gleichgültig öffnete sie der arme Genarrte, denn auch sie war zu. Aber er riß doch seine Augen gewaltig auf, als er den Fang erblickte, nämlich ein Blatt Papier mit der Aufschrift:

„Du bist ein Esel!"

„Krummer David, — das werde ich Dir eintränken, — Dir will ich Eselsohren machen, daß Du dran denken sollst!" — rief der Beleidigte, und das Blatt Papier flog, in tausend Stücke zerflückt, in alle vier Winde.

Als die Schulstunden begannen, ließ Eleazar klugerweise nichts merken von seinem Ärger, und der krumme David war freundlicher gegen ihn, als je. Aber gerade diese ausnahmsweise Freundlichkeit war dem ersteren verdächtig. Der lauernde Blick der stechenden, grauen Augen und der fortwährende Reiz zum Lachen, den er an seinem zweifelhaften Freunde wahrzunehmen glaubte, — beides machte seinen Argwohn zur inneren Gewißheit.

Die Schule war aus. In der letzten Stunde hatte man gelesen, — wie immer, in der Bibel, denn ein Lesebuch gab es in dieser Urwaldschule nicht, — und zwar das Evangelium vom Taubstummen.

Eleazar mußte während dieser Stunde mehr an den „krummen David" gedacht haben, als an den, an den er hätte denken sollen; denn kaum war das Schulzimmer verlassen, so griff er diesen aus der Mitte der übrigen Schüler heraus, indem er sagte: „Und er nahm ihn von dem Volke besonders vor."

Der krumme David war verblüfft ob dieser Rede. Eleazar fuhr fort: „Und er legte seine Finger an seine Ohren," — dabei zauste er sein Opfer an den Ohren, daß dessen ganzes Gesicht blutrot wurde. Die Zuschauer lachten.

Eleazar ließ sich nicht stören.

„Und er spitzete und rührte seine Zunge" — eine fürchterliche Maulschelle mit der angefeuchteten Hand war die Erklärung und praktische Anwendung dazu, — „Und er sprach: Hephata, — d. i. thue dich auf!"

Es hätte dieser Aufforderung gar nicht bedurft; denn der Geprügelte war um Worte durchaus nicht verlegen. Er schimpfte, so viel er nur konnte, während er sich den Händen des Rächers zu entwinden suchte.

Wer weiß, wie es noch gekommen wäre, wenn „der lange Abe" sich nicht dazu gefunden hätte. Er war nach der Schule mit dem Lehrer auf dessen Stube gegangen und kehrte nun zurück.

Bald hatte er das eben Geschehene erfahren, und Eleazar bemühte sich, ihm klar zu machen, wie sehr er — Eleazar — in seinem Rechte sei, indem er die „Fallengeschichte" erzählte.

„Daß Du ihm etwas ausgewischt hast," entschied Abe, „ist ganz recht; aber daß Du dabei die heiligen Worte der Bibel mißbrauchst, ist nicht recht, — das ist Gotteslästerung."

Es entstand eine Pause.

Der krumme David unterbrach die heilige Stille: "Ja, und ich werde es dem Lehrer schon sagen!"

"Das wirst Du nicht!" war Abes sehr bestimmte Antwort, "sonst kannst Du von mir noch etwas besehen."

In gerechter Würdigung der Gliedmaßen Abes schwieg der Bedrohte; denn Hilfe hatte er von keinem seiner Schulgenossen zu erwarten.

"Und nun seid Ihr fertig mit einander," fuhr der Friedensrichter fort, — "reicht Euch die Hände und seid wieder gut, wenigstens laßt Euch in Ruhe."

Eleazar reichte seine Hand hin, David jedoch bezeigte wenig Lust, einzuschlagen. Erst Abes drohende Miene und seine nicht zu verkennende Absicht bei längerer Störrigkeit vermochten ihn dazu.

Seit diesem Tage hieß Abe "der Friedensstifter", aber der krumme David wußte ihm wenig Dank für diese seine Amtsthätigkeit.

Abe besaß Washington's Lebensbeschreibung. Er hörte von einem Mitschüler, daß ihr Lehrer eine weit ausführlichere besäße, und bat sich diese auf einige Zeit aus.

"Es hat keine Eile," sagte der Lehrer, "Du kannst sie mit Muße lesen."

Nach einigen Tagen brachte Abe das Buch schon wieder und machte ein recht wehmütiges Gesicht dazu.

"Schon fertig?"

"Ach nein! — aber es ist mir ein Unglück damit passiert."

"Was denn?"

„Ich hatte das Buch mit aufs Feld genommen."

„Und draußen vergessen."

„Ach nein! Ich hatte es absichtlich draußen gelassen, um es immer gleich bei der Hand zu haben. Damit es recht sicher sei, hatte ich es in einen hohlen Baum gesteckt. Als ich aber heute früh hinaus kam, lag es am Boden und war ganz durchnäßt."

„Es wird schon wieder trocknen!"

„Ich habe es gleich in die Sonne gelegt; es ist auch wieder trocken, aber doch ganz verdorben!"

„Schade, schade!"

„Lieber Lehrer, es thut mir sehr leid, und ich will nicht, daß Sie meinetwegen Schaden haben sollen; aber ich kann es Ihnen nicht bezahlen. Haben Sie Arbeit für mich?"

„Dort lasse ich eben mein Getreide abmähen. Wenn Du einen Nachmittag helfen willst, soll das Buch ganz Dein sein."

Das ließ sich Abe nicht zweimal sagen. Am Abend konnte er das Buch sein rechtmäßig erworbenes Eigentum nennen.

Abe war ein durch und durch wahres Gemüt. Er hätte seine Ausflucht zu keiner Lüge genommen, und wenn es ihm den Hals gekostet hätte. Dazu war er zu stolz. Und doch hatte er seinem Lehrer wenigstens nicht die volle Wahrheit gesagt in betreff des Buches. Nämlich er verschwieg bei dieser Unterredung, daß er das Buch am Fuße des Baumes unter Moos und Laub gefunden hatte, daher war es auch nicht bloß naß, sondern schmutzig gewesen.

Allein aber konnte es unmöglich aus dem Innern des Baumes gesprungen und unter diese Decke gekrochen sein. Das lag auf der Hand und war dem Abe auch sofort klar geworden.

Wer aber mochte sich den schlechten Spaß mit ihm gemacht haben? Wer anders, als der Allerwelts= Strick, der krumme David! Das war ihm ebenfalls bald klar. Ein anderer hätte sein Versteck auch gar nicht erst gefunden.

Abe wußte den Sünder schon so zu fassen, daß er seine Missethat gestand; er beteuerte aber, daß er das Buch nicht habe verderben, sondern ihn, den Abe, nur etwas in Verlegenheit habe bringen wollen, und zwar, weil dieser damals zu Eleazar gesagt: „Das ist recht, daß Du ihm eins ausgewischt hast."

Der gutmütige Abe glaubte ihm; — David hatte ja den Regenguß nicht vorherwissen können. So kam denn der Übelthäter diesmal mit einem blauen Auge davon.

Sechstes Kapitel.
Abes erste Reise.

Länger als ein Jahr durfte Abe die Schule des Herrn Crawford nicht besuchen; — für einen Hinterwäldler hatte er ja schon mehr als genug gelernt, auch gab ihm der Vater den Rat, er möge nun seine tüchtige Körperkraft Zinsen tragen lassen.

Hätte es Abe gemacht, wie so mancher von unsern Schülern, so hätte er so rasch wie möglich alles Gelernte vergessen, — freilich hätte er dann ein Hinterwäldler bleiben müssen und kein Präsident werden können. Er hat es aber anders gemacht, nämlich wie ein Mensch, der es in der Welt zu etwas bringen will, d. h. er hat fort und fort gelernt, wo er nur eine Gelegenheit dazu fand; denn er dachte: „Selber essen macht fett!" Dabei mußte er sein Brot, seine Kleidung und das Geld zu seinen Büchern mit seiner Hände Arbeit verdienen.

Arbeit gab es genug für ihn, wie es ja in der ganzen Welt für jeden Arbeit giebt, der kein Faullenzer ist.

Im Urwalde des Staates Indiana gab es gutes Bauholz im Überfluß, in den großen Städten weiter im Süden fehlte es daran. Lincoln's Nachbar, Master (Herr) Pitt, machte nun ein Geschäft daraus, die großen Bäume des Urwaldes auf seine Kosten fällen und sie dann nach dem Süden bringen zu lassen. Damit verdiente er ein gutes Stück Geld. Abe, der junge Gelehrte, war einer seiner fleißigsten Holzfäller. Die langen Arme und großen Hände, deren er sich zu erfreuen hatte, waren ihm jetzt ein Kapital, welches reichlich Zinsen trug.

Und Abe war zufrieden mit seinem Lose. Die erworbenen Schulkenntnisse brachten ihm einstweilen kein Geld, wohl aber verschafften sie ihm die Liebe und Achtung seiner Nachbarn. Wer einen Brief zu schreiben hatte, wandte sich an ihn, und er wußte alle Aufträge zur Zufriedenheit auszuführen. Zugleich lernte er dabei, sich in die Gedankengänge anderer zu finden und fremde Meinungen regelrecht auszudrücken, — ein Vorteil, der ihm später sehr zu statten kam.

Dem scharfen Auge Master Pitt's, eines gewandten Geschäftsmannes, konnte es nicht entgehen, daß Abe weit mehr Verstand und Bildung besaß, als ein Holzfäller im Urwalde bedurfte. Eines Morgens ließ er ihn zu sich rufen.

„Wie geht's Euch, Abe?"

„Ich danke, Master, — gut!"

„Wie gefällt Euch das Baumfällen?"

„Auch gut!"

„Wie ich höre, kümmert Ihr Euch um die Wissenschaften und wißt auch mit der Feder Bescheid?"

„Ein wenig, Master!"

„Kommt Euch da das Holzhacken nicht langweilig vor?"

„Ich könnte es nicht sagen. Ich verdiene mir mein Brot damit, warum sollte ich darauf schelten?"

„Das ist brav gedacht. Wie alt seid Ihr denn?"

„Ich werde künftigen Februar neunzehn Jahre."

„Erst? — Man hält Euch für älter. Ihr seid ja groß und stark, wie ein ausgewachsener Mann, und seht gescheiter aus, als die Leute von achtzehn Jahren hier herum. Hättet Ihr wohl Lust, eine Reise zu machen?"

„Eine Reise? — Das habe ich mir schon lange gewünscht."

„Aber, — wohl gemerkt, — es ist kein Spaziergang. Ich meine eine Floßfahrt den Mississippi hinunter nach New Orleans. Dabei giebt es Arbeit, viel Arbeit und schwere Arbeit."

„Thut nichts! — Ich bin kein Faullenzer!"

„Es giebt aber auch schweres Geld dabei zu verdienen."

„Das ist mir schon recht!"

„Ja, — und noch etwas! Ich möchte nicht jedem das Geschäft übertragen, wenn ich auch wüßte, daß er ein recht kräftiger und unverdrossener Arbeiter wäre. Die Ladung nämlich soll nicht bloß sicher nach Orleans gebracht, sondern dort auch vorteilhaft verkauft werden. Dazu gehört Geschick und Verstand, und beides kann man niemandem in der Reisetasche mitgeben. Ich kann aber im voraus durchaus nicht angeben, wie das und das gemacht werden soll, sondern man muß sich an Ort und Stelle mit den Verhältnissen bekannt machen und den möglichsten Vorteil daraus zu ziehen suchen. — Verstanden?"

„Ich verstehe Euch. Ich würde die Waren nicht blindlings hinwerfen.

„Dann werdet Ihr eine recht hübsche Summe Geldes lösen, so viel, wie Ihr wahrscheinlich noch niemals in Eurer Tasche gehabt. Orleans ist eine große Stadt. Dort giebt es viel zu sehen, viel zu kaufen, ja, — man kann dort ganz schnell sein Glück machen, — na, — und wenn man Geld in Händen hat —?"

Herr Pitt brach ab; aber seine Augen schauten forschend unter den zusammengekniffenen Brauen hervor und ruhten eine Sekunde lang auf dem jungen Lincoln. Dieser verstand vollkommen; aber sein Gemüt empörte sich über eine derartige Zumutung. Er konnte nichts antworten, indes sein vor Scham und Zorn glühendes Gesicht war Antwort genug. Rasch wandte er sich um und wollte gehen. Doch Herr Pitt faßte ihn freundlich bei der Schulter, lächelte gutmütig und sagte:

„Ihr braucht nicht böse auf mich zu sein, Abe, — ich meinte nur so. Wenn ich nicht wüßte, daß Ihr schon seit Eurer Schulzeit als ehrlicher Kerl bekannt seid, ich hätte Euch gar nicht erst rufen lassen."

Abe schwieg, aber er schaute nicht mehr so finster drein.

„Wir sind also fertig mit einander; es handelt sich nur noch um einen Gefährten zu Eurer Reise. Wen würdet Ihr wohl wählen?"

„Den Eleazar John, — der ist schon in New Orleans gewesen."

„Das ist wahr, — ganz gut, — er ist auch nicht dumm, — aber Geschäftsmann ist er nicht. Indes, wie Ihr wollt! Ich traue Euch zu, daß Ihr allein mit dem Handel fertig werdet. Der John mag mit Euch reisen. Morgen geht's auf die Reise. Schickt nur Euren Eleazar gleich zu mir. — Adieu! — Die Bäume laßt nur heute in Ruhe, Ihr werdet ja noch so manches zu besorgen haben. — Adieu!"

Abe empfahl sich und machte ein so glückliches Gesicht, als ob ihm der Himmel voller Geigen hinge.

Von Indiana bis New Orleans ist ein weites Stück Weg. Der Mississippi, der Riesenstrom Nordamerikas, windet sich wie eine ungeheure Schlange in unzähligen Krümmungen zwischen den Staaten Kentucky, Tennessee, Mississippi auf der einen, und Illinois, Missouri, Arkansas und Louisiana auf der anderen Seite bis zum Golf von Mexiko, in welchen er sich ergießt, nachdem er an der Südgrenze von Illinois den Ohio aufgenommen hat. Der letztere macht die Verbindung zwischen Indiana und dem Mississippi. New Orleans liegt einige Meilen von der Mündung des Riesenstromes, dort wo zwei Arme des Golfes den „Halbmond=Kai" umspielen.

Die Schiffahrt auf dem Mississippi ist mit derjenigen auf unseren deutschen Strömen kaum zu ver=

gleichen. Mögen auch die Untiefen der Donau und Elbe und die felsigen Ufer des Rheines die Vorsicht und Umsicht des Schiffers in Anspruch nehmen, Hindernisse, wie sie der Mississippi bietet, haben sie doch nicht. Ich meine seine „Planters", „Säger" und „Wälzer". „Planters" nennt man die im Strome noch aufrecht stehenden Bäume, an denen das Schiff leicht zerschellen kann. „Säger" und „Wälzer" sind losgerissene, vom Strome mitgenommene Baumstämme, die auf der Oberfläche treiben. Wo sich ein Strudel befindet, sammeln sie sich, drehen und wirbeln im Kreise, bis einer oder der andere weiter geschleudert wird. Das Boot, welches in einen Strudel zwischen sie gerät, ist natürlich verloren.

Bei Abes Reise war die Unbeholfenheit des Fahrzeuges noch ein schlimmes Ding. Aus starken Pfosten gezimmert, von riesigen Querbalken zusammengehalten, war das Floß wohl standhaft, aber sehr schwer. Man hätte es einen Fußboden, der auf dem Wasser schwimmt, nennen können. Ähnlich sind die „Martätschen", welche von Oberschlesien her die Oder abwärts fahren.

Abe und sein Freund rüsteten sich zur Fahrt, das Dauerhafteste, was sie an Kleidung besaßen, zogen sie an; dann versahen sie sich mit tüchtigen wollenen Decken, die ihnen Bett und im Notfall Mantel sein sollten. An Proviant — Brot und Fleisch — nahmen sie einen tüchtigen Vorrat mit, denn die Reise dauerte mehrere Wochen lang.

„Möchten wir nicht auch eine Büchse mitnehmen?" meinte Eleazar.

„Warum denn? Es wird uns niemand etwas thun, — oder hast Du früher schlimme Erfahrungen gemacht?"

„Ich nicht; aber ich habe mir viel erzählen lassen von Räubern und Mördern, die namentlich den Unterlauf des Flusses unsicher machen sollen!"

„Ach, das sind Hakenmänner-Lügen. Bangemachen gilt nicht!"

„Gemach, gemach! Bald sind wir auch Hakenmänner."

„Eine Büchse ist teuer, und wenn wir auch eine mitnehmen, sie verrostet uns ja, und dann ist sie nicht mehr wert, als ein Prügel."

„Meinetwegen, — da nehmen wir keine mit."

„Und geht's uns schlimm, haben wir ja unsere Fäuste und unsere Messer, und Gottes Hilfe obendrein."

Mit dem fröhlichsten Mute und dem besten Gottvertrauen schieden die beiden jungen Hakenmänner — so nennt man die Floßschiffer nach ihren langen Haken, mit denen sie das Floß fortstoßen — von der Heimat, begleitet von den herzlichsten Glückwünschen der Ihrigen. Namentlich Abe war ungeheuer aufgeräumt.

Die Fahrt begann. Es ging alles ganz gut. Sie erreichten den Mississippi und hatten auch nicht zu klagen. Das Floß war recht artig; es schwamm ganz allein und zeigte keine Vorliebe für Planters, Säger und Wälzer, sondern wich geschickt aus, wenn ihm seine Steuermänner nur mit ihren langen Stangen etwas zu Hilfe kamen.

Der Himmel war sonnig, die Luft ruhig, und überall gab es etwas Neues zu sehen und zu hören; denn die Umgegend war interessant, und sie waren auch nicht die einzigen, die den Strom befuhren.

Wenn es Abend wurde, stießen sie ans Land, banden ihr Floß fest und schliefen in ihren Decken unter freiem Himmel so gut, wie daheim im Bette — Konnte es wohl schöner sein? Wenn Abe jetzt bei traulicher Abendunterhaltung des Holzfällens gedachte, kam dies ihm doch langweilig vor. So ging es eine ganze Weile. Aber wie nach dem Sprichwort auf Regen Sonnenschein folgt, so kommt zuweilen auch auf Sonnenschein Regen. Und so war's hier. Des einen Vormittags brach ein fürchterliches Sturm- und Regenwetter los; der Sturm zwar beruhigte sich bald, aber der Regen ließ nicht nach. Es goß wie mit Kannen. Dazu war das Floß faul, denn das Wasser hatte zu wenig Gefälle. Da hieß es denn naß werden und dabei noch stramm arbeiten. Zwar wurden die Decken umgenommen, aber was half's? Die jungen Schiffer wurden doch naß wie gebadete Katzen.

„Was meinst Du, Abe," scherzte Eleazar, „wär's nicht schöner, wenn wir jetzt im Walde steckten? Geschwinde sprängen wir unter einen Baum."

„Halte nur dort links ab," gab dieser zurück, „sonst machen wir ganz wider Willen mit einem Baume Bekanntschaft!"

„Ich stemme schon fürchterlich! Wenn er recht dichte Äste hätte, dürft' ich wohl nicht, — was?"

„Laß mich zufrieden! Ich bin naß bis auf die Haut, und weiter geht es nicht."

„Heute Abend werden wir prächtig schlafen! Ich wünschte nur, wir würden bis dahin Frösche. Was Du da für neue, schöne Loblieder auf unsere Reise anstimmen würdest!"

„Halte den Mund, oder ich sehe Dich schon jetzt für einen Frosch an und werfe Dich ins Wasser!"

„Du würdest mich schon wieder herausziehen!"

„Unsere Reise ist auch so noch hübsch!"

„Versteht sich!"

Der Himmel meinte es gut mit Abe und ließ den Spötter zu schanden werden. Die Sonne ging nicht zu Rüste, bis sie den Gebadeten die Kleider getrocknet und ein trocknes, warmes Nachtlager zurecht gemacht hatte.

Indes den beiden Reisenden stand noch Schlimmeres bevor. — Sie hatten schon drei Vierteile ihrer Reise zurückgelegt, als sie sich eines Abends — im Staate Louisiana — unbesorgt zur Ruhe legten, nachdem sie ihr Fahrzeug ans Land geschoben und gehörig befestigt hatten.

Abe lag noch wach, als sein Gefährte in nicht gerade wohlklingender Schläfersprache zu verstehen gab, daß er entschlummert sei. Der Mond stand am Himmel und bestrahlte die Gegend mit seinem zauberischen Lichte. Abe's Blicke wandten sich von ihr heimwärts zu Vater und Mutter im fernen Urwalde und

aufwärts zu der in Gott ruhenden Pflegerin seiner
ersten Kindheit, — dann schlief auch er ein.

Nicht lange, und es weckte ihn ein Geräusch.
— Er rührte sich nicht, aber er spitzte die Ohren: das
Geräusch kam ihm verdächtig vor.

Von einem gelinden Rippenstoß, den er seinem
Gefährten versetzte, erwachte dieser.

„Was giebt's?"

„Horch!"

Eleazar rieb sich die Augen und lugte umher.

„Niggers," gab er zurück.

Abe schnellte empor. „Wer da?" brüllte er.

Keine Antwort; auch das vorhin gehörte Gemurmel
verstummte.

„Wer da?" schrie auch Eleazar.

Vier schwarze Gestalten schritten auf sie zu. Sie
sahen unheimlich genug aus.

„Halt!" donnerte es ihnen entgegen.

„Ole Niggers" — alte Neger — war die Ant=
wort. Sie klang aber so, als wenn ein wild aus=
sehender Kerl den Knüttel über Deinem Haupte
schwingt und spricht: „Ich wollt' Sie bitten um einen
Groschen."

Abe und sein Freund setzten sich in Verteidigungs=
zustand. Jetzt aber gaben die vier Strolche ihre
Bettlerrolle sofort auf. Einer sprang auf Eleazar los
und hätte wohl die Härte seines Knüttels an dessen
Schädel probiert, wenn Abe ihm nicht denselben ent=
rissen und ihn selbst an der Kehle gepackt hätte.
Beide rangen mit einander. Abe drängte seinen Gegner

an den Rand des Floßes und stürzte ihn kopfüber hinunter: — „Der war besorgt und aufgehoben!" Die übrigen drei wollten ihm in Eleazar augenscheinlich einen Gefährten ins Wasser nachschicken; alle drei hingen sie an ihm, doch er wehrte sich mit seinem Messer ganz verzweifelt, bis ihm Abe wieder zu Hilfe kam. Nun ließen sie ihn los und wandten sich gegen diesen. Ein Keulenschlag traf Abe's Arm, daß er gelähmt herabsank. Doch er unterlief die Waffe und suchte den Gegner mit der linken Hand an der Gurgel zu fassen. Sein langer Arm gab ihm einen bedeutenden Vorteil. Da ließ der Räuber die Holzwaffe fallen und stach nach Abe mit seinem Messer. Der Stich saß! — einen Zoll weiter rechts, und das Auge wäre verloren gewesen; so glitt das Messer am Knochen ab. Das Blut strömte aus der Wunde, doch Abe ließ nicht los, bis der Schwarze zusammenstürzte. Zwar raffte er sich wieder auf, aber er hielt es doch fürs beste, davonzulaufen. Eleazar hatte die Keule des Räubers aufgehoben und hieb so wütend auf seine Gegner los, daß sie ebenfalls das Weite suchten und nicht mehr wiederkamen!

„Teufelskerle," schimpfte Eleazar, „hätten wir nur eine Flinte gehabt! Armer Junge, hat Dich der Schwarze schlimm getroffen? Du blutest ja entsetzlich!"

„Das Auge ist nicht beschädigt, greif nur einmal an Deine Stirn."

„Wahrhaftig, eine Beule, wie eine Faust groß! — Die Satanskerle die; wir haben sie aber doch gut heimgeschickt! Aber wie Du blutest!"

„Tauch' nur einmal mein Halstuch ins Wasser und binde mir's um den Kopf, ich kann den rechten Arm nicht heben."

„Auch noch! Eine schöne Bescherung! Wie sollen wir denn da nach Orleans kommen?"

„Es wird sich schon wieder geben; entzwei ist er nicht."

Nachdem Abe verbunden worden war, legten sich die beiden Streiter auf ihre Decken, — ans Schlafen war für diese Nacht freilich nicht mehr zu denken.

Jeder hing seinen Gedanken nach. Endlich unterbrach Eleazar das Schweigen.

„Ich bin begierig, ob Du jetzt noch den „armen Schwarzen" die Stange halten wirst, Abe; ich hab's immer gesagt, es sind niederträchtige Kerle! Du hast mich dafür heruntergekapitelt, — jetzt hast Du sie kennen gelernt. Für solche Lümmel kann die Peitsche nicht dick genug sein!"

„Ich kann meine Ansicht über die Sklaverei durchaus nicht ändern!"

„Richtig! — Aus den Wölfen werden ja Lämmer, wenn sie nur jedermann in Ruhe läßt."

„Wäre ich es im Stande, ich würde noch heute alle Schwarzen befreien!"

„Ja wohl! — Damit sie uns morgen totschlügen. Ich wundere mich nur, daß Du den alten Satan ins Wasser geworfen hast. Es war jedenfalls nur ein Versehen von Dir und Du wirst es Dein Leben lang bereuen."

„Wenn er ertrunken wäre, würde es mir leid thun."

„Immer besser! — Laß mich zufrieden oder ich werde wild!"

„Das bist Du schon! — Höre mir ruhig zu, und Du wirst mir Recht geben."

„Da bin ich wirklich gespannt! Meinetwegen — los!"

„Du wirst mir zugeben, daß es unter den Weißen auch Räuber und schlechte Kerle giebt?"

„Gewiß!"

„Müssen deshalb alle Weißen schlecht sein?"

„Nein, — wir beide machen wenigstens eine Ausnahme."

„Also! Ob wohl die Räuber von heute Nacht auch die Hütten ihrer Stammverwandten plündern mögen?"

„Das glaube ich nicht; sie haben's immer auf die Weißen abgesehen."

„Siehst Du! Weil sie die Weißen hassen. Und warum? Weil sie in jedem ihren Peiniger sehen, und den zu ermorden und zu bestehlen halten sie für kein Unrecht."

„Auch der Beste kann irren. Dich wenigstens haben diese Guten sehr verkannt."

„Ganz anders würde es werden, wenn sie in den Weißen ihre Freunde, ihre Brüder, ihre Wohlthäter erblicken müßten."

„Von der Brüderschaft will ich gern nichts wissen. Das steht bombenfest: Der Neger ist tückisch und faul!"

„Du wirst schon wieder wild!"

„Nur weiter, — ich bin ja ganz ruhig!"

„Ich gebe es zu, die Weißen haben Vorzüge des Herzens und des Verstandes vor den Schwarzen, mögen sie auch mehr Rechte haben; aber so viel Recht gebührt jedem Menschen, daß er das Brot, was er verdient, ohne die Erlaubnis eines anderen essen darf! Und es mag dahingestellt bleiben, ob der Schwarze nicht fleißiger sein würde, wenn er für sich selbst arbeiten dürfte. Arbeit erzieht den Menschen."

„Die vier Teufel, die uns vorhin ihren Besuch gemacht haben, arbeiteten sicher für sich selbst; drum waren sie auch so rüstig."

„Von denen darfst Du gar nicht reden!"

„Frei sind sie doch!"

„Aber wie? Sie haben keine rechtmäßige Freiheit, — sie sind entlaufen; — deshalb können sie auch keine rechtmäßige Arbeit haben. Oder wolltest Du ihnen Arbeit geben?"

„Versteht sich! — Gleich! — Beulen verbinden!"

„Du bist einmal wütend auf die Schwarzen und wütend auf mich!

„Auf Dich nicht! Im Gegenteil, ich bewundere Dich, daß Du Deine Mörder verteidigst; denn wenn sie uns nicht totgeschlagen haben, so ist das wahrhaftig nicht ihre Schuld. Und was Du willst, ist ganz hübsch; aber es ist eine Träumerei, die sich nicht ausführen läßt."

„Kommt Zeit, kommt Rat!"

Zunächst kam wenigstens der Morgen und mit ihm Hilfe für die Angefallenen. Ein Dampfschiff, welches von St. Louis stromabwärts fuhr, nahm sich ihrer an. Zwei Mann seiner Besatzung blieben bei ihnen für die weitere Fahrt; denn Abe mußte seinen Arm schonen.

Von Räubern hatten sie fürderhin nichts mehr zu leiden, desto mehr aber von Wind und Wetter. Kurz vor dem Ziel ihrer Reise wurden sie von einem fürchterlichen Gewitter, begleitet von Sturm und Regen, überrascht. Dazu rechts und links am Stromufer Kalkfelsen. Hätten die beiden jungen Hakenmänner nicht noch zwei stramme Gehilfen an Bord gehabt, sie hätten Schiffbruch leiden müssen. Indes auch diese Gefahr ging vorüber, und wohlbehalten landete das Floß in New Orleans.

Abe leitete den Verkauf der Güter, und alles ging nach Wunsch. Er durfte zufrieden mit sich sein.

Die beiden jungen Leute konnten es sich nicht versagen, die Wunder einer Weltstadt, die ihr Auge zum erstenmale schaute, etwas näher zu betrachten. Arm in Arm durchschritten sie die Stadt nach allen Richtungen. Eleazar führte seinen Freund in das Hotel der Matrosen und Hakenmänner.

Der Neuling wurde mit jener wüsten, tobenden Freundlichkeit aufgenommen, die man bei uns zu Lande etwa an Fuhrleuten findet, wenn sie im Wirtshause sich begegnen; — jeden Augenblick glaubt man, sie wollten einander in die Haare fahren. Das ist aber pure Freundschaft.

So sehr dies Wesen unserem Abe widerstand, einen Augenblick mußte er sich doch zu ihnen setzen. Als er aber das ungeheure Glas „Brandy", das man ihm bot, rundweg ausschlug, war die ganze zärtliche Freundschaft zu Ende. „Milchbart", — „Grünschnabel", — „Muttersöhnchen" — und andere schöne Titel flogen ihm von allen Seiten zu. Er konnte also nichts Besseres thun, als gehen, — und sein Freund ging mit.

Sie wanderten weiter.

Vor dem Eingange eines großen Magazins sahen sie eine Menge von Männern stehen. Riesige Maueranschläge, welche mit gesperrten Lettern bekannt machten, daß einige Partieen Neger zu verkaufen seien, zeigten ihnen an, daß sie auf einen Sklavenmarkt geraten wären.

Ein Mann mit einer Glocke, welche er vor der Thür mit aller Kraft läutete, rief die Käufer zusammen, da die Versteigerung beginnen sollte.

Die beiden Freunde mischten sich unter sie und traten mit ein.

Auf einem Tisch im Hause stand eine schon etwas ältliche Negerin und starrte teilnahmslos den Haufen an, der sich um den Tisch drängte. Ihr Gesicht sah sehr kummervoll aus.

Auf dem Boden standen zwei Kinder von ungefähr zehn und dreizehn Jahren.

Die Auktion begann. Lange wollte sich kein Käufer für die Frau finden, da sie offenbar krank war. Endlich kaufte sie ein laut polternder, schnauz=

bärtiger Mann mit einem großen italienischen Stroh=
hute und einem schwarzen Bande daran für zweihundert
Dollars; sie hatte das Doppelte gelten sollen.

Als das arme Weib niederstieg, warf sie einen
heimlichen, ängstlichen Blick auf die beiden Kinder,
denn es waren die ihrigen. Es achtete niemand
darauf, sondern man verkaufte dieselben an andere
Besitzer, so daß alle drei getrennt werden mußten. Die
arme schwarze Mutter erhob ein herzzerreißendes Jammer=
geschrei, welches der Sklavenhändler mit Verwünschungen
beantwortete, während er das „schwarze Vieh" seine
Peitsche fühlen ließ.

Abe hielt sich die Ohren zu und stürzte hinaus.
Es brannte ihm im Herzen, es zuckte ihm im Arm,
— doch helfen konnte er ja nicht!

Die erlebte Scene hatte auch Eleazar tief er=
griffen. Er faßte seinen Freund unter den Arm
und schritt schweigend neben ihm her.

War Abe von jeher auf die Sklavenhalter
übel zu sprechen gewesen, so war er es jetzt auf die
Sklavenhändler noch mehr. — „Diese Menschen=
schinder!"

In späterer Zeit, als sein Wort gewichtig in die
Wagschale fiel, äußerte er sich über diese Sorte von
Menschen folgendermaßen:

„Unter den Anhängern der Sklaverei giebt es
eine besondere Klasse geborener Tyrannen, die unter
dem Namen Sklavenhändler bekannt sind. Ein solcher

Sklavenhändler hat Acht auf die Bedürfnisse der Sklavenhalter, um diesen Sklaven zu verkaufen oder im Notfalle ihnen solche zu einem für ihn vorteilhaften Preise abzukaufen. So gern er bei ihnen in den Tagen der Not gesehen wird, so verächtlich wird er von ihnen jedoch in den Zeiten des Wohlstandes behandelt. Sie erkennen ihn nicht als einen ehrenhaften Mann an, noch weniger wollen sie ihn zum Freunde haben. Ihre Kinder dürfen mit den seinigen nicht verkehren, und obschon wir unseren Kindern freies Spielen mit den Negerkindern gestatten, so halten wir doch des Sklavenhändlers Kinder fern von unserer Familie.

„Hat man notgedrungen mit dem Sklavenhändler zu thun, so sucht man auch dann noch den Verkehr so viel als möglich abzukürzen und jedes weitere Geschäft zu meiden. Man scheut sich nicht, mit jedermann, dem man begegnet, den Händedruck zu wechseln, doch vor der Hand des Sklavenhändlers hält selbst den strengsten Sklavenhalter ein instinktives (natürliches) Gefühl zurück. Selbst wenn der Sklavenhändler, reich geworden, sich vom Geschäft zurückzieht, bleibt ein Fleck auf seiner Ehre haften, der den Verkehr mit ihm und seiner Familie besudelt. Hier muß ein tiefer Grund des sittlichen Gefühls vorwalten; denn nie und nirgends trennt uns solche Scheu vor irgend einem anderen Händler, er mag in Vieh, Getreide, Tabak oder sonstigen Artikeln handeln."

Die freien Söhne des Urwaldes hatten das Leben der Großstadt bald genug satt. Sie wandten sich zur Heimkehr und langten wohlbehalten bei den Ihrigen an.

Die ausgestandenen Mühsale der Reise waren bald vergessen, das Angenehme derselben aber blieb in frischer Erinnerung. Dazu kam noch das besondere Wohlwollen ihres Auftraggebers, das sie von ihrer Reise ernteten.

Siebentes Kapitel.
Ein schmerzlicher Abschied.

Seit Abe die große Welt gesehen, kam es ihm vor, als ob er sein Brot doch noch auf andere Weise als durch Holzschlagen verdienen könnte, — auf welche, wußte er vor der Hand freilich nicht. So nahm er denn die Dinge, wie sie eben lagen, fällte Bäume und machte Fenzriegel (Staketen) wie zuvor.

Zu einer sehr erwünschten Wiederholung der Reise nach New Orleans kam es nicht, denn Mr. Pitt zog es vor, den unwirtlichen Landstrich, den er nur des Geschäfts wegen bezogen, mit einem bewohnteren zu vertauschen.

Wanderlust steckt an. Sie überkam auch die Familie Lincoln. Die Verwandten der Stiefmutter Abes mochten wohl ein gut Teil dabei haben.

Indiana grenzt mit dem Staate Illinois. Dieser hatte den Ruf eines sehr fruchtbaren Landstriches und übertraf in vieler Beziehung den Nachbarstaat auch wirklich. In ihm gab es doch nicht bloß Wald und wieder Wald, sondern auch Wiese und Ackerland, — die Prärie. Vater Lincoln hatte die beschwerliche Waldarbeit satt, er sehnte sich nach einer besseren Gegend, doch aufs Geratewohl mochte er nicht mehr hinausziehen; deshalb sandte er einen Bruder seiner Frau auf Kundschaft nach Illinois. Dieser kehrte zurück und war des Lobes voll über das schöne Land, das er gesehen. Das entschied. Die Auswanderung war nun beschlossene Sache. Um einen Käufer durften die Scheidenden nicht verlegen sein. Die Urbarmachung ist eine so beschwerliche Sache, daß die Nachbarn sehr gern das wenige urbar gemachte Land kauften. Geld brauchten sie wenig dazu. Die Auswanderer bedurften Zugvieh, um ihre beweglichen Habseligkeiten nach der neuen Heimat zu schaffen, also waren Ochsen eine recht willkommene Zahlung.

Ungefähr vierzehn Jahre war der Urwald Indianas die Heimat der Familie Lincoln gewesen. Da es nun zum Abschiede kommen sollte, wurde allen das Herz schwer. Es ist einmal ein eigenes Ding um das menschliche Herz; es lernt ein Gut erst dann schätzen, wenn es dasselbe nicht mehr besitzt. Wie mancher Knabe wünscht, daß er bald das letzte Mal die Schule besucht haben möchte, und wenn er dann ins wilde Leben hinausgetreten ist, spricht er: „Es war doch eine schöne Zeit, als ich noch in die Schule ging; ich wünschte, ich könnte noch so glücklich sein, wie damals!"

Vier Personen waren vor vierzehn Jahren in Indiana eingewandert, nur zwei von ihnen suchten jetzt eine neue Heimat: Vater und Sohn, denn Mutter und Tochter ruhten bereits im kühlen Schoß der Erde unter der Föhre, wo einst des Knaben Lieblingsplätzchen war.

Der Tag der Abreise kam immer näher. Abe wurde stiller und stiller, der Vater immer schweigsamer. Es war wohl ein Gedanke welcher beide wehmütig stimmte: der Gedanke an den Abschied von zwei Grabhügeln.

Der Greis sollte Abschied nehmen von dem Grabhügel, unter dem das Weib seiner Jugend schlummerte, und auch von dem, der ihr Ebenbild deckte. Seine Familie war zahlreicher als früher, denn seine zweite Frau hatte ihm vier Kinder zugebracht, und doch, wenn er an die beiden Gräber dachte, kam er sich vor wie ein morscher Baum im Urwalde, dem der Sturm die Krone geraubt und die Äste zerbrochen hätte bis auf einen einzigen.

Der Jüngling sollte auf ewig scheiden von der Ruhestätte der guten Mutter, die ihn so sehr geliebt, auf deren Schoße er gesessen, von deren Lippen er die ersten Worte gelernt, die ihn beten gelehrt, die ihn hingeführt zu dem, der so oft schon seine Hoffnung und sein Trost gewesen war; — auch scheiden von der stillen, sanften Schwester, deren Augen ihm so oft gesagt hatten: „Ich habe Dich so lieb." — „Scheiden, ja scheiden thut weh!" sagt ein altes Lied.

Vor zwölf Jahren zimmerte der Vater den Sarg für die Mutter; vor drei Jahren hatte der Sohn den letzten Schrein für die Schwester gezimmert: — jetzt zimmerten sie beide Kreuze für die Gräber ihrer Lieben. Schweigend schritten sie hinaus, schweigend pflanzten sie die Symbole des christlichen Glaubens auf, und stumm reichten sie sich die Hände über den Gräbern. Und doch, wie unendlich viel lag ausgesprochen in diesem stummen Händedruck!

Am letzten Abende vor der Abreise finden wir den einundzwanzigjährigen jungen Mann noch einmal an dem Lieblingsplatz des Knaben. Er trägt zwei Kränze am Arm. Lange sitzt er dort; er sinnt und sinnt, — endlich springt er auf, eine Thräne stiehlt sich aus seinem Auge und benetzt die Kränze, die er rasch an die Kreuze hängt. Dann verschwindet er im Dunkel der Nacht.

Nach kurzem Abschiede von Freunden und Nachbarn setzt sich am folgenden Morgen der Auswandererzug, vierzehn Personen zählend, in Bewegung, und nach zwei Wochen war die neue Heimat erreicht, zwei und eine halbe Meile von der Stadt Decatur am Sangamonflusse im Staate Illinois gelegen.

Die Gegend war vielversprechend, aber wo war Haus und Hof? Da hieß es denn wieder Häuser bauen und Gärten einzäunen. Jetzt konnte Abe seinem Vater ganz andere Hilfe leisten, als vor vierzehn Jahren, und er that es. Binnen kurzer Zeit hatte er drei tausend Fenzriegel zur Umzäunung des Besitztums gehauen. In späterer Zeit kam einer dieser Zeugen des Abe'schen Fleißes zu der Ehre, einen Fahnenstock für das Sternenbanner abzugeben, woraus man ent=

nehmen kann, wie man in Amerika die Arbeit, wenn
es auch eine niedrige ist, achtet.

Den ganzen Sommer und auch den folgenden
Winter blieb Abe im elterlichen Hause, obgleich er
nach amerikanischem Gesetz mündig war; er wollte seinen
alten Vater nicht verlassen, bis dieser behaglich ein=
gerichtet sei in der neuen Heimat.

Der Winter war ungewöhnlich lang und strenge,
denn monatelang lag der Schnee drei Fuß hoch, so
daß man ihn als den Winter des „großen Schnees"
lange im Gedächtnis behielt.

Dieser Winter machte aus unserem Abe einen
kühnen Jäger. Mancher reiche Müßiggänger bei uns
macht sich die Jagd zu einem Vergnügen. Wenn er
auch kein Wild erlegt, was schadet es? Der erste
beste Wildhändler hilft ihm aus der Verlegenheit.
Das ging bei Abe nicht an. Für ihn war das Jagen
Arbeit, beschwerliche Arbeit; er mußte einen Braten
mit nach Hause bringen, denn sonst hatte er samt seiner
Familie nichts zu essen.

Allerdings ist das Wild in der Prärie nicht so
selten als bei uns, es fehlt nicht an Hirschen, Hasen
und Rebhühnern; aber jedes dieser Thiere ist scheu
oder schlau genug, sich davon zu machen, wenn der
Jäger naht. Und kommt eins zu Schusse, so heißt
es wieder eine feste Hand und ein sicheres Auge haben,
sonst ist das Pulver umsonst verknallt. Beides aber
erlangt man nur durch Übung, und die fehlte unserem
Schützen, denn er hatte nie für Schießwaffen geschwärmt.

Indes die Not ist eine gute Lehrerin, sie machte aus Abe auch einen geschickten Waidmann, wie sie schon manches aus ihm gemacht hatte und noch machen sollte.

Der böse Winter ging vorüber, und keiner war den Hungertod gestorben.

Achtes Kapitel.
Wie Abe auf eigenen Füßen steht.

Am 12. Februar des Jahres 1831 hatte Abe sein zweiundzwanzigstes Lebensjahr vollendet.

Der kommende Frühling drängte ihn, einen Plan für die Zukunft zu entwerfen. Zwei Wege standen ihm offen: Entweder er blieb bei seinem Vater, bis er das väterliche Erbe antreten konnte, oder er zog hinaus in die Welt, um dort sein Glück zu versuchen. Die kindliche Anhänglichkeit riet ihm den ersten, der Trieb nach regerer Thätigkeit den zweiten Weg. Die Entscheidung wurde ihm schwer. Indes sein Vater kam ihm zu Hilfe.

„Abe", sagte er, „die Zeit rückt heran, in der tüchtige Arbeiter sehr gesuchte Leute sind. Du hast bis jetzt nur für mich gearbeitet, den ganzen Winter hindurch hast Du allein uns erhalten, aber was hast Du davon?"

„Lieber Vater, ich habe nur meine Schuldigkeit gethan, und es ist mir nicht schwer geworden."

„Ich kenne Deine Bescheidenheit, aber es kann nicht so fortgehen. Du wirst mit jedem Tage älter, und die Zeit ist nicht mehr fern, wo Du daran denken mußt, Deine eigene Häuslichkeit zu gründen. So viel Du mir auch mit Deiner Arbeit zu Hilfe kommst, ich kann Dir keinen Lohn geben."

„Ich habe auch noch keinen beansprucht."

„Das ist wahr, aber ohne einiges Geld kannst Du keine Selbständigkeit erlangen; daher gebe ich Dir den Rat, verdiene Dir etwas, gehe unter die Leute. Um mich brauchst Du nicht in Sorge zu sein; die schlimmste Arbeit ist ja gethan, und ich bin immer noch rüstig, Gott sei Dank!"

„Wenn Du willst, Vater, gehe ich!"

„Sage nicht so, mein Sohn, das könnte aussehen, als triebe ich Dich von dannen. Ich will nur Dein Bestes. Warum soll ich Dich für mich arbeiten lassen, wenn es nicht notwendig ist? Für uns beide aber ist der Arbeit zu wenig, ist unser Besitztum zu klein. Also versuche Dein Glück bei fremden Leuten. Geht es Dir gut, und kannst Du Dir eine kleine Summe sparen, so kommst Du nach einigen Jahren wieder, übernimmst unsere Farm und hast dann die Mittel in Händen, alles besser einzurichten, als ich es vermag. Geht es Dir nicht gut, so steht Dir das väterliche Haus jeder Zeit offen; wann Du auch kommst, sollst Du willkommen sein!"

„Du hast recht, Vater, ich werde mein Glück versuchen."

Abraham trennte sich also von seinem Vater. Er wollte den Weg einschlagen, den alle Unbemittelten einschlagen müssen, wenn sie nicht zeitlebens im Staube kriechen wollen. Bei uns giebt es genug Leute, die sich einer niedrigen Arbeit schämen, weil sie ihnen später zum Vorwurf gemacht werden könnte. In Amerika darf niemand diese Befürchtung hegen. Man fragt dort den Advokaten, den Lieutenant, den reichen Kaufmann, den Präsidenten nicht: „Was bist Du früher gewesen?" Füllst Du Deine jetzige Stellung aus, so magst Du ehemals Tagearbeiter, Packträger, Schuhmacher oder Schneider gewesen sein, warst Du nur jeder Zeit ein ehrlicher Mann, so ist dies ganz gut. Aber auch umgekehrt: Die Tüchtigkeit und Biederkeit des Vaters hilft dem Sohne durchaus nicht zu Amt und Ehren, wenn dieser nicht die gleichen Eigenschaften aufweisen kann. Aus der Zeit der Präsidentschaft Abrahams erzählt man sich eine Anekdote, welche das eben Gesagte bestätigt.

Ein Glied einer alten, adligen Familie Deutschlands hatte sich veranlaßt gefunden, seine Heimat mit Amerika zu vertauschen. Der Betreffende bat den Präsidenten um eine Offizierstelle in der Armee. Seine Bitte wurde ihm gewährt. Entzückt über die Freundlichkeit Abrahams wagte er die Bemerkung, er entstamme einer alten, berühmten deutschen Adelsfamilie und hoffe, sie würde für sein Aufrücken von günstigem Einfluß sein.

Mit dem ihm eigenen wohlwollenden Lächeln antwortete der Präsident: „Fürchten Sie nichts! Das soll Ihnen bei Ihrem Fortkommen hier bei uns durchaus nicht hinderlich sein!"

Als Abe von seinem Vater schied, war er ein ganz armer Kerl, nur auf seiner Hände Arbeit angewiesen, aber die Welt stand ihm offen.

Was er aus dem elterlichen Hause mitnahm, war herzlich wenig und doch viel: Kein Geld, aber anerzogene Redlichkeit und Charakterfestigkeit, der Vorsatz, durch Arbeit sich eine Stellung in der Welt zu erringen, — der Segen seines alten Vaters und seiner zärtlichen zweiten Mutter.

Abe arbeitete, wo er Arbeit fand. Er kam nach Petersburg in Illinois zu einem Farmer namens Armstrong, bei dem trat er als Knecht in Dienst. Tag für Tag hinter den Ochsen herzugehen, ist für einen gebildeten, strebsamen jungen Mann, wie Abe es war, nicht eben die erwünschteste Beschäftigung. Doch wir wissen schon, womit Abe sein Brot verdiente, darauf schmähte er nicht, und vor der Hand war eben keine andere Arbeit zu bekommen; daher war er durchaus nicht unglücklich, den Ackerknecht spielen zu müssen.

Seine Arbeitgeber, gute, alte Leute, gewannen ihren Knecht so lieb, daß sie ihn wie ihr eigenes Kind betrachteten, um so mehr, als ihr eigener ältester Sohn John, einige Jahre jünger als Abe, ihnen nicht gerade große Freude bereitete. Deshalb ließen sie ihn nicht von dannen ziehen, als die Feldarbeit vorüber und der Winter vor der Thür war. Vielleicht hofften sie, daß der Einfluß des strebsamen jungen Mannes von guter Wirkung für ihren eigenen Sohn sein würde.

Abe verehrte die guten Leute wie Vater und Mutter und nannte sie gern seine Pflegeeltern. Auch ihren Sohn gewann er lieb; denn so viele tolle Streiche dieser auch machte, und so wenig er damit einverstanden sein konnte, er fand doch, daß John kein böses Herz hatte, sondern nur leichtsinnig und unvorsichtig war. John gehörte zu den Naturen, die nur durch Schaden klug werden können.

Der Winter brach herein und brachte unserem Abe viel erwünschte freie Zeit. Er wußte sie wohl zu benutzen.

Abe war recht gut im stande, einen ordentlichen Brief zu schreiben, er wußte, das muß so sein und dieses so, aber das „Warum" war ihm bisher ein Rätsel geblieben! darum machte er sich an das Studium der englischen Grammatik. Außerdem las er gute, richtig geschriebene Bücher, in denen er das Gelernte richtig angewendet fand, — und auf diese Weise lernte er die Sprache seines Landes immer besser verstehen und gebrauchen.

Sehr lieb wäre es ihm gewesen, wenn John mit ihm studiert hätte; Zeit hatte er genug dazu, doch diesem fehlte das „Sitzefleisch", wie er sagte, auch vermochte er nicht einzusehen, wozu ihm das alles nützen solle, da er ja doch kein Advokat werden würde.

Statt in der Schule zu hocken, trieb er sich lieber mit seinen jungen Freunden herum. Dabei gab es allerdings manchen Spaß, aber auch manche Beule und manches Herzeleid für die Eltern. Wenn dann die Mutter weinte und Abe ihm unter vier Augen freundschaftliche, aber ernste Vorstellungen machte, war ihm das Weinen näher als das Lachen, so leid that ihm das Vorgefallene, was durchaus nicht in seiner Absicht gelegen hatte, — bei nächster Gelegenheit half ihm sein heißes Blut über alle gefaßten guten Vorsätze hinweg, und er hatte wieder Unannehmlichkeiten, ehe er sich's versah.

Durch seine Pflegeeltern war Abraham mit einem Kaufmann in Petersburg, Danten Offult, bekannt geworden. Ihm hatte er von seiner Reise nach New Orleans in Geschäften des Master Pitt erzählt, und dieser hatte ihm das Anerbieten gemacht, bei ihm in Dienst zu treten und eine zweite Reise nach der großen Handelsstadt zu machen, sobald der Frühling kommen würde.

Der Frühling kam, und Abe war bereit.

Mit Dank und Wehmut verließ er seine Pflegeeltern, mit freundschaftlichem Händedruck ihren Sohn.

Es galt bei dieser Reise, Erzeugnisse des Nordens nach dem Süden zu bringen und dafür Erzeugnisse des Südens einzutauschen. So beschwerlich wie die erste, konnte diese zweite Reise für ihn nicht werden: denn es bedurfte dabei weniger seiner Körperkraft, — da er zwei Schiffer mitnehmen sollte, — als vielmehr seiner kaufmännischen Gewandtheit.

Welcher Wechsel in Abes Leben. Vor dem Winter Ackerknecht, nach dem Winter — Kaufmann!

New Orleans liegt in höchst ungesunder Gegend, nach der Regenzeit ist sie vollständig versumpft. Die glühende südliche Sonne ist nicht im stande, die Feuchtigkeit aufzusaugen, ihre Glut entwickelt nur noch mehr schädliche Luftarten.

Das Trinkwasser ist schlecht, die Luft ist verpestet, — das gelbe Fieber hält seinen Einzug.

Wir alle wissen aus Erfahrung, wie schrecklich die Cholera wütet, wo sie sich einmal eingenistet hat; nun, das gelbe Fieber soll noch verheerender auftreten.

Und diese schreckliche Seuche wütete in New Orleans, als Lincoln landete.

Es durfte ihm das niemand erzählen, er las es auf den wenigen Gesichtern, die ihm auf der Straße begegneten. Jeder vermied bei dem andern nahe vorbei zu gehen, aus Furcht vor Ansteckung, alle huschten eiligen Fußes wie Gespenster dahin.

Eine Stadt, die vom Feinde belagert ist, macht einen traurigen Eindruck; man hört weder Glockengeläute, noch Musik, oder auch nur ein frohes Lachen, — überall nur ernste Gesichter! Und doch kennt man den Feind, weiß man, von welcher Seite er zu kommen droht, und ist im stande, sich gegen ihn zu verteidigen. Wie unendlich trauriger ist es in einer Stadt, in welcher eine Seuche wie das gelbe Fieber herrscht! Der Feind ist nicht da oder dort, nein, er ist überall! Und stündest Du bei Deinem besten Freunde, Du kannst es nicht wissen, ob er in diesem Augenblicke nicht Dein ärgster Feind ist, der Dir den Tod einhaucht. Daher die Angst, der Schrecken, die Ver=

zweiflung auf allen Gesichtern. Und kein Mittel da=
gegen, nur geduldiges Abwarten!

Sonst, welches Getümmel in der großen Stadt
Orleans, welch' übermütiges Toben von einem Thore
zum andern, und jetzt, welche Öde, welche schreckliche
Stiell.

Eiskalt überlief es unsern Abe, wenn er daran
gedachte, daß er nun im Bereiche des Feindes war,
von dem er schon so viel Schreckliches gehört!

Es war schon dunkel, als er durch die Stadt
nach seinem vorigen Quartier schritt. Auf dem
Trottoir stolperte er über einen langen, dunklen
Gegenstand, fast glaubte er die Umrisse eines Menschen
zu erkennen.

Abe ging in ein Haus und bat um eine Laterne.
Ein Neger wurde ihm mitgegeben, um ihm zu leuchten.
Ihm fehlte die rechte Hand.

„Wo hast Du sie verloren?" fragte ihn Abe im
Hausflur.

„Mein voriger Herr hat sie mir abgehauen."

„Warum."

„Weil ich mich wehrte, als er mich unschuldiger=
weise schlug."

„Durfte er das?"

„Das Gesetz der Weißen gebietet es."

Abe entsetzte sich. Aber wer malt seinen Schrecken,
als er den Gegenstand erblickte, über den er gestolpert
war: Fünf Leichen lagen auf den bloßen Steinen,
nicht weit davon auf der Straße standen einige
Särge.

Durch die benachbarte Straße schritt eine Gruppe dunkler Gestalten heran, langsam, feierlich, lautlos. Es waren Brüder vom Orden „zur Mutter der sieben Schmerzen". Hinter ihnen kam ein Frachtwagen mit fünf Särgen. Die frommen Brüder legten die Leichen hinein, wie sie eben dalagen, in ihrer Alltagskleidung, hoben diese, wie die bereitstehenden Särge auf der Straße, auf den Wagen und verschwanden lautlos, wie sie gekommen. Der Wagen folgte ihnen. — Ein grausiger Anblick!

Abe suchte eiligst sein Quartier und dann sein Lager auf, aber schlafen konnte er nicht. Er hatte viel mit sich selbst zu thun.

Wozu Deine Angst? Sie kann Dir doch nur schaden! Den Kopf oben behalten, Abe; die Seuche hat keine Gewalt über Dich, wenn sie ihr nicht von oben gegeben wird.

Nach inbrünstigem Gebet um Gottes väterlichen Schutz schlief er ein. Am andern Morgen wunderte er sich, daß er wie immer erwachte, er hatte sich doch im Traume tot gesehen. Der Neger mit der einen Hand hatte ihn ja mit dem Fuße vom Trottoir auf die Straße geschoben. Er befühlte die Stelle, die der Fuß berührt, — sie that nicht weh. Er reckte und streckte alle Glieder, — er war noch vollkommen gesund!

Nach herzlichem Dank- und Bittgebet stand er auf und ging an seine Arbeit.

So fürchterlich die vorliegenden Verhältnisse für Abes Gemüt waren, so vorteilhaft waren sie für sein

Geschäft. Er war so ziemlich der einzige fremde Kaufmann, der sich in die Stadt gewagt hatte. Die in ihr lagernden Waren hatten also einen niedrigen Wert, weil sie niemand begehrte; die fremden dagegen einen höheren als sonst, weil sie gebraucht wurden, und niemand sie brachte.

Bei allem Gewinn, den Abe machte, war er doch seelenfroh, als er der giftigen Stadt den Rücken kehren konnte. Er dankte Gott, der ihn gesund erhalten, und schwur bei sich selbst, diese Gegend sich nie als Heimat zu erwählen.

Bei Master Offult rief der Erfolg der eben geschilderten Geschäftsreise eine ungeheure Freude hervor. Er nannte Abe ein Glückskind, das er durchaus in seinem Geschäft behalten müsse. In New Salem errichtete er eben eine neue Handlung. Abe und kein anderer durfte ihr Leiter sein. Dieser hatte keinen Grund, seinem Geschäftsherrn entgegen zu sein. Er begab sich also nach New Salem und widmete sich seiner neuen Beschäftigung mit dem ihm eigenen Eifer.

An Kunden fehlte es nicht. Abe wußte das „Mein" und „Dein" so gut zu unterscheiden und so ehrlich auseinander zu halten, daß die Eltern auch diejenigen ihrer Kinder als Boten gebrauchten, die den Wert der Münzen noch nicht kannten. „Master wird Dir schon wiedergeben, was Du zurückbekommen sollst," sagten sie. Und reichlich gab er immer; sein Herr gewann ja nur dadurch. Dabei wußte er außerordentlich freundlich mit jedermann, namentlich aber mit den Kindern zu verkehren: Dem kleinen Krauskopf steckte er eine Rosine in den Mund, jenem Pausbäckigen kniff er in die Backen und machte einen Scherz mit ihm; diesem kleinen Mädchen schenkte er einen Bonbon und jenem ein Stückchen Zuckerkand. Daher kann man wohl sagen: den Abe kannte und liebte jedes Kind in New Salem.

Indes Abe sollte noch nicht als Kaufmann sterben; er durfte auch nicht zu lange diesem Stande angehören, es gab ja noch viel kennen zu lernen und durchzumachen, ehe er geschickt für den Präsidentenstuhl werden konnte. Für eine Veränderung seiner Stellung sorgte zunächst der „schwarze Falke", ein König, wenn auch nur der Indianer.

Neuntes Kapitel.
Wie Abe ein großer Mann wird.

Als Abe schon „Präsident", d. h. Regent der Nordamerikanischen Freistaaten war, kam er eines Tages in der Unterhaltung mit seinen Freunden auf die verschiedenen Stellungen zu sprechen, die er in seinem Leben eingenommen.

„Mit Ausnahme eines Jahres," sagte er, „hat mich der Hochmutsteufel nie gepackt." (Er meinte das Jahr, von dem ich im vorigen Abschnitt erzählt habe.) „Damals," fuhr er fort, „bildete ich mir, treu und ehrlich gesagt, etwas, oder richtiger gesagt, sehr viel auf meine großen Hände ein, die ich später mit ganz anderen Empfindungen betrachten lernte. Die langen Arme, an welchen sich die Hände befanden, kamen mir ganz unschätzbar vor. Kein Hunderttausend=Dollars=Mann kann seine Papiere mit größerer Zärtlichkeit, mit zufriedenerem Stolze betrachten, als ich meine Arme. Der Kopf schwirrte mir von Plänen; aber ich muß gestehen, daß bei diesen Plänen meine Arme und Hände stets die eigentliche Basis ausmachten. Vom Shopkeepergehilfen gedachte ich mich bald zum Shopkeeper (Kaufmann) emporzuarbeiten, — eine glänzende Aussicht mit unbestimmten Vorstellungen vom Bankerott im Hintergrunde. Arme und Hände waren dann wieder mein Trost, — der Anfang und das Ende meiner Träume. Der „schwarze Falke" machte aus dem Ladendiener einen Kapitän, ich will nicht sagen, daß ich expreß von ihm mein Patent erhielt, aber ich habe doch, samt unsern Feldherren, mir ein Stück Ruhm, eine Art von Skalp, von ihm herabgeschunden."

Also der „schwarze Falke" hat unserm Abe das Hauptmannspatent verschafft.

Um das zu verstehen, müssen wir etwas weiter ausholen.

Als Christoph Columbus, der Genuese, im Jahre 1492 Amerika entdeckte, glaubte er, es sei das von ihm gesuchte Indien, — daher „Westindien" in Amerika. Die Einwohner des Landes, die er vorfand, nannte er deshalb „Indianer", welchen Namen sie noch heute bei uns führen.

Es waren markige Gestalten, von brauner Gesichtsfarbe, zwar sämtlich bartlos, aber darum nicht weniger Männer und beherzte Krieger, als die eindringenden Weißen. Auf beiden Seiten war großes Erstaunen, doch gar bald verwandelte es sich in gegenseitigen, grimmigen Haß. Die Spanier drangen ins Land und suchten den „roten Mann" aus seinen Jagdgründen zu vertreiben und diese in Besitz zu nehmen. Feste

Sitze hatten die Indianer nämlich nicht, da sie den Ackerbau nicht kannten und nur von der Jagd und dem, was die Natur freiwillig gab, lebten.

Der „rote Mann" konnte trotz seines scharfen Verstandes nicht einsehen, was der weiße bei ihm zu suchen hätte, und wodurch er sich dessen Feindschaft zugezogen. Er wollte sich nicht vertreiben lassen und wehrte sich. Was half es ihm?! denn so flüchtig auch sein Fuß war, seine Schnelligkeit kam doch der des wunderbaren Tieres nicht gleich, mit dem der weiße Krieger verwachsen zu sein schien; so sicher auch seine Lanze und sein Pfeil trafen, seine Waffen vermochten doch nichts gegen die Feuerrohre der weißen Krieger; so schlau er auch war und so sehr er auch, was Gesicht und Gehör anlangte, den weißen Mann übertraf, — es half alles nichts, er mußte ihm unterliegen. Einen Jagdgrund nach dem andern mußte er ihm überlassen, und seiner Krieger wurden immer weniger.

Seit dem Eindringen der Spanier in Amerika ist der Vertilgungskrieg gegen die Indianer ununterbrochen gewesen. Statt dem bildungsfähigen Volksstamme Gesittung und Gewerbe zu bringen, brachte man ihm den Tod. Es darf uns daher nicht wundern, wenn der rote Mann den weißen haßte als seinen Todfeind und ihm aus sicherem Versteck oder Auge in Auge den sicher-treffenden Pfeil zusandte, sooft ihm nur Gelegenheit ward. Dem Gefallenen trennte er dann mit kunstfertigem Schnitte die Kopfhaut ab und trug sie als Siegeszeichen an seinem Gürtel.

Er nannte sie den „Skalp" und das dazu gebrauchte Messer „das Skalpiermesser".

Im Laufe der Zeit wurden der Indianer immer weniger, und ihre Jagdgründe verloren immer mehr an Umfang; aber der Haß gegen die Weißen wuchs und vererbte sich von Geschlecht zu Geschlecht. Dadurch wurde der Indianer — die Rothaut — zu einer fürchterlichen Plage für den einsamen, friedlichen Ansiedler, der für die Sünden anderer doch nicht konnte. Es war nötig, eine bestimmte, feste Grenze zwischen dem Gebiet der Indianer und dem der Weißen zu ziehen, die gegenseitig respektiert werden sollte. Zu der Zeit, da unsere Erzählung spielte, war die Grenze der Mississippi; ostwärts von ihm sollten die Weißen, westwärts die Roten wohnen. Kein Roter sollte ihn überschreiten, ohne Erlaubnis vom Vater der Weißen, dem Präsidenten, zu haben; ein Gleiches war den Weißen auferlegt. Es ging diesem Gesetze wie allen in der Welt, es wurde vielfach übertreten, ja öfter noch als jedes andere.

Die weißen Jäger und Trapper (Fallensteller) kümmerten sich wenig darum, auf wessen Gebiet sie jagten. Wohin ihr abenteuerlicher Sinn oder die Aussicht auf gute Beute sie zog, dorthin lenkten sie ihre Schritte, jeder auf eigene Faust und jeder in der Meinung, daß er zuerst das Recht zu leben und zu genießen habe, und hernach die anderen, unter welchen die „Rothäute" jedoch nicht mit begriffen waren. Die Jagdbeute des roten Mannes betrachtete der weiße Jäger und Fallensteller als einen Raub an der seinigen. Wo er auf indianischem Gebiet eine Niederlage kostbarer Felle entdeckte, nahm er sie mit, in der Gewißheit, sie seien nur für ihn hingelegt, auch dann, wenn die Niederlage das eigene Haus einer Rothaut war.

Ein solcher Jäger geht sehr sparsam um mit Pulver und Blei, denn es ist schwer zu erlangen; nicht jedes Tier hält er einer Kugel wert, für den Indianer aber hat er nur sie oder sein langes Jagdmesser. Sobald sich ein weißer und ein roter Jäger auf ihrem Jagdpfade begegnen, geht nur einer von beiden vom Platze, und zwar der, welcher seine Büchse zuerst am Backen und dabei das sicherste Auge hat. Das ist stillschweigendes Übereinkommen. Durch den steten Aufenthalt im Freien, durch die fortwährend nahe Gefahr sind die Sinne der weißen Söhne des Waldes so sehr geschärft, daß sie denen der roten nicht nachstehen; die Schußwaffe des weißen Jägers ist immer besser als die des roten; daher fallen eher zehn Indianer als ein Weißer. Ist doch einmal das Letztere geschehen, dann wehe dem Dorfe, in dessen Nähe der Mord vorgefallen ist. Dann ist jeder Jäger des Getöteten Freund, der wieder Freunde wirbt, bis eine genügende Anzahl beisammen ist, um fürchterliche Rache zu nehmen an dem Dorfe, welches nun büßen muß für den Frevel eines Einzelnen, der am Ende immer nur gerechte Vergeltung geübt. Wenn sich auch der rote Mann beim Vater der Weißen beschwert, was kann er ihm helfen? Die Schuldigen sind ja außer dem Bereich seiner Macht. Deshalb sucht sich der

Geschädigte selbst Ersatz. Er dringt vor bis zum einsamen Gehöft des Ansiedlers und stiehlt ihm Pferde und Rinder. Zwar hat ihm dieser nie etwas gethan, aber er ist ein Weißer und leichter zu bestehlen, als der immer wache Jäger.

Zur Zeit unserer Geschichte hatte sich ein Häuptling der Indianer zum Könige einer großen Anzahl Stämme emporgeschwungen: die Osagen, die Komantschen, die Sioux=, Fuchs= und Hunds=Indianer u. a. waren seines Winkes gewärtig. Der „schwarze Falke" wurde dieser mächtige Häuptling genannt. Unter ihm standen eine Anzahl geringerer Häuptlinge. Einige von ihnen hatten die Jagdgründe zwischen den Flüssen Illinois und Wiskonsin an die Vereinigten Staaten vertragsmäßig abgetreten, aber — ohne Erlaubnis des „schwarzen Falken". Die Amerikaner drangen in das genannte Gebiet ein, ehe es noch geräumt war, und ehe der Falke seine Zustimmung gegeben hatte, raubten und plünderten sie, wo sie konnten. Was sich ihnen entgegenstellte, fiel ihren Büchsen zur Beute. Der große Häuptling sah das eine Weile mit an und führte Beschwerde bei der Regierung. Da sie aber nichts fruchtete, berief er alle Krieger der ihm ergebenen Stämme auf den Kriegspfad. Dann erließ er eine Kriegserklärung an die Weißen, die zwar nicht gedruckt verteilt, dagegen mündlich sehr eifrig verbreitet wurde. Sie lautete: „Diebe und keine Krieger haben unsere Jagdgründe zwischen dem Illinoisstrome und Mississippi an den Vater der Weißen in Washington verkauft; wir haben gesprochen und geduldet. Seit lange ist der Trapper uns über den Mississippi gefolgt; er hat den roten Mann, sein Weib und seine Kinder erschossen, gleich den Wölfen der Prärie. Nun sind unsere Wigwams (Häuser) verbrannt, unser Vieh ist getötet und geraubt worden, unsere jungen Kinder wurden eine Beute von Unmenschen. Wohlan, der „schwarze Falke" kommt über den großen Strom, um an Euch zu thun, wie Ihr den Seinigen thatet!"

Der gereizte Falke hielt Wort. Seine Krieger überschritten den Mississippi in kleinen, leichten Kanoes, die ein Mann zu tragen im stande war, bei Nacht und Nebel und überfielen die Besitzungen der Ansiedler in den an den großen Strom grenzenden Staaten. Zwar waren diese gewarnt, hatten Haus und Hof wohl verwahrt, Büchsen, Pulver und Blei angeschafft, um die Rothäute mit blauen Bohnen zu bewirten. Doch diese ließen sich nicht auf eine lange Belagerung einer solchen kleinen Festung ein. Sie steckten sie in Brand, und bei dem entstehenden Tumulte trieben sie das Vieh, dessen sie habhaft wurden, hinweg und verschwanden so rasch und spurlos, wie sie gekommen.

So wurden die Ansiedler gezwungen, ihr Besitztum zu verlassen. Sie suchten Hilfe beim Gouverneur. Dieser beorderte einen General mit seiner Mannschaft gegen die roten Räuber; zugleich erließ er einen Aufruf an alle waffenfähigen jungen Männer des betreffenden Staates, sich zu bewaffnen und Freiwilligen-Kompagnien zu bilden.

Auch unser Abraham folgte diesem Rufe, so gut es ihm auch in New Salem gefiel.

„Diesem Unwesen muß gesteuert werden," sagte er, „obgleich ich die Rothäute nicht ganz und gar verurteilen kann; denn die weißen Jäger haben genug gethan, um auch ein Schaf zum Beißen zu bringen."

Er hatte die Freude, sich zum Hauptmann einer Kompagnie ernannt zu sehen.

Seine Krieger, darunter freilich auch sehr zweideutige Gestalten, empfingen ihn mit einem begeisterten: „Unser Hauptmann soll leben! Hurra!"

Er überblickte sie, soweit es bei dem allgemeinen Tumult gehen konnte. „War dort nicht ein altbekanntes Gesicht?" Richtig, dort war ja der, dem das Sitzfleisch fehlte; nun, unter die Soldaten paßte er ganz gut, nur mußte man ihm einen ziemlich weiten Spielraum lassen. Er hatte seinen Hauptmann sicherlich längst erkannt, aber er neckte sich mit ihm und meldete sich nicht. — Halt, dort noch einer, der den forschenden Blicken des Hauptmanns sich zu entziehen suchte. Auch den mußte er kennen, nur sein Bart machte unsern Abe einigermaßen stutzig. „Ich will es bald herauskriegen, ob ich mich täusche," sagte er sich.

„Achtung! Stillgestanden!"

„Kameraden, da Sie mich mit lebhaftem Hurra empfangen, denke ich, daß Sie Vertrauen zu mir haben. Es ist nun meine Pflicht, die Lieutenants, die unter mir kommandieren sollen, zu ernennen. Ich werde Ihnen einige Personen vorschlagen, und Sie haben dann das Recht, zu wählen!"

„Bravo! Unser Hauptmann lebe hoch! Hurra!"
„John Armstrong! — Vortreten!"

Die Reihen öffneten sich, und der Gerufene schritt hindurch.

„Guten Tag, Abe! — Wollt ich sagen: .... Herr Hauptmann! — ich melde mich!" und er warf sich in Positur.

„Siehst Du, Schwerenöter, da hab ich Dich!" sagte Abe leise.

„Kameraden! ich schlage John Armstrong zum Lieutenant vor. Ich kenne ihn; zum Feldzuge gegen die Rothäute ist er wie geboren. Er wird Ihnen, was Mut und Waghalsigkeit betrifft, stets mit gutem Beispiel vorangehen ... Sind Sie einverstanden?"

„Ja! Ja! Ja! Der Herr Lieutenant lebe hoch!"

„Eleazar John! ... Vortreten!"

Das Stückchen Gesicht, welches noch nicht vom Bart erobert war, errötete über und über, als Eleazar sich vom Jugendfreunde erkannt sah. Er trat vor.

„Alter Junge, ich sah Dich schon!" scherzte Abe.

„Mit mir wirst Du Dir wenig Ehre einlegen!"

„Kameraden! Ich schlage Ihnen meinen Jugend=freund Eleazar zum Lieutenant vor. Sie werden mir beistimmen, wenn ich Ihnen sage, daß er schon ein=mal mein Kampfgenosse gegen die „Schwarzen" war. Listig ist er wie ein Fuchs und bissig wie eine wilde Katze; wo er hinschlägt, wächst kein Gras mehr. Er muß Ihnen vorausschreiten! ... Einverstanden?"

„Ja, Herr Hauptmann! Ja! Ja! Unser Lieutenant Eleazar lebe hoch!"

Noch zwei Lieutenants und zehn Unteroffiziere wurden gewählt, und dann war Ruhe für den Tag. Der Hauptmann verbrachte ihn in Gesellschaft seiner Offiziere. Da gab es viel zu erzählen.

„Wie geht es Deinen Eltern, John!"

„Der Vater ist gestorben, aber die Mutter lebt noch; sie ist munter, sah es aber nicht gern, daß ich in den Krieg zog."

„Du bist unverbesserlich!"

„Sollst noch Freude an mir erleben!"

„Eleazar, wie bist Du herein gekommen?"

Er gab seine Lebensschicksale zum besten; namentlich, wie er sich nach Illinois und zu Abes Kompagnie gefunden hatte.

Abe erzählte ihm von seiner zweiten Reise nach New Orleans. So wußte jeder etwas zu erzählen, und die Zeit verflog wie auf Windesflügeln.

Lange Exerzier-Übungen anzustellen war nicht nötig, man hatte es ja mit keinem militärisch geschulten Feinde zu thun. Gar zu gern hätte Abe dem Drängen seiner Leute nachgegeben, auf eigene Faust den Feind aufzusuchen, doch er mußte seinem Befehle gemäß zu den Truppen des Generals stoßen. An diesem hatte man keinen guten Griff gethan. Ihm fehlte der Mutterwitz. Mit einem so verschlagenen und raschen Gegner, wie es der „schwarze Falke" war, konnte er nicht fertig werden. Er kam überall zu spät. Allenthalben fand man verwüstete Gegenden, aber keinen Feind. Seine Soldaten hatten also nur zu marschieren, zu hungern und endlose Klagen zu hören, aber zum Kampfe kam es nicht. Die Infanteristen des Generals, von den Freiwilligen „Teigjungen" genannt, ließen es sich schon gefallen, aber diesen behagte es nicht. Endlich hoffte man den Feind zu stellen, d. h. zum Kampfe zu zwingen. Er befand sich auf der kleinen „Vandrüffs-Insel" im Mississippi. Der Rückzug mußte ihm abgeschnitten werden. Die Freiwilligen meldeten sich sofort dazu. Doch der General wollte und mochte dazu sich dieser „zügellosen Bande" nicht bedienen; er schickte seine „Teigjungen", und die kamen abermals zu spät. Als endlich der Befehl zum Vorrücken gegeben worden war, war keine Rothaut mehr zu finden, und wenn man Gold geboten hätte. Jetzt schienen die Freiwilligen allerdings allen Respekt vor dem General verloren zu haben. Der tollköpfige John Armstrong aus Abes Kompagnie war natürlich der Hauptträdelsführer der Unzufriedenen. Es mußte Rat geschafft werden, oder es entstand ein Unglück.

Abe begab sich zum General und stellte ihm die Lage der Dinge vor.

Der General fluchte und wetterte: „Sie sollen sich zum Teufel scheren, die Kerle, keine Spur militärischer Zucht unter ihnen."

Die Unzufriedenen so ohne weiteres fortjagen ging nur leider nicht.

Abe machte dem General den Vorschlag, eine Streifer-Kompagnie zu bilden und in diese alle Unzufriedenen zu stecken. Sie konnten vordringen, so rasch es ihnen gefiel, und ihren Mut kühlen.

Der Vorschlag des Hauptmanns gefiel seinem hohen Vorgesetzten ausnehmend, wurde er doch die Störer seiner Ruhe los. John avancierte zum Hauptmann dieses fliegenden Corps und trennte sich mit Vergnügen von dem Hauptheere. Abe sah ihn, wie der General, durchaus nicht ungern ziehn. Er konnte einmal seine wilde Natur nicht verleugnen und nicht bezähmen.

Bei dem Hauptheere blieb alles beim alten, d. h. jämmerlich.

In späterer Zeit wollte man manchmal Gelegenheit nehmen, Abes Tapferkeit zu rühmen, da er doch einen Feldzug mitgemacht hatte; doch er wies diese Lobeserhebungen stets in launiger Weise zurück. „Halten Sie mich für einen Kriegshelden?" sagte er einst. „Zur Zeit des Indianerkrieges freilich focht, blutete und — entrann ich. Mein Schwert habe ich allerdings nicht zerbrochen, denn ich hatte keins zu brechen, aber einst verbog ich eine Muskete. Wenn ein General sein Schwert zerbricht, so thut er es, denke ich, aus Verzweiflung; als ich meine Muskete verbog, so geschah dies hingegen nur aus Zufall. Wenn mein General es mir im Heidelbeerpflücken zuvorthat, so übertraf ich ihn in räuberischen Anfällen auf wilde Zwiebeln. Wenn er einen lebenden, kämpfenden Indianer sah, sah er mehr als ich; ich meinerseits hatte manches blutige Gefecht mit Moskitos, und wenn ich auch nie wegen Blutverlustes in Ohnmacht sank, so passierte es mir doch zuweilen beinahe aus Hunger."

Ein solches Kriegerleben mochte der Kuckuck aus=
halten, Abes Kompagnie schmolz immer mehr zusam=
men, so daß er es endlich für besser hielt, sein Kom=
mando niederzulegen, als Hauptmann und Kompagnie
in einer Person zu sein.

Wenn endlich doch ein Vertrag mit dem „schwarzen
Falken" geschlossen werden konnte, hatte man es dem
fliegenden Corps, hauptsächlich aber dem herannahenden
Winter zu danken. In ihm wurde festgesetzt, daß
wie früher, der Mississippi wieder die Grenze sein
sollte, und keinerlei Überschreitungen mehr vorkommen
sollten.

Nach diesem glorreichen Feldzuge war Abe wieder
ein freier Mann. Sollte er wieder nach New Salem
hinter den Ladentisch zurückkehren?

„Kapitän," sagte er später in bezug auf diese
Zeit — „Kapitän ist ein merkwürdiges Wort. Ein
Kapitän kann doch kein Ladendiener werden, wenn er
seiner alten Kompagniemannschaft gegenüber auf An=
sehen Anspruch erheben will. Und so war's denn
der Hochmutsteufel, der mich, wie der Engel den
Habakuk, beim Schopfe nahm und mir zeigte, daß
mein Daumen und meine beiden rechten Vorderfinger
(mit denen man schreibt) sich mit dem Reste der
rechten und mit der ganzen linken Faust zu messen
vermöchten, und daß, alles richtig gerechnet, meine
Zunge schwerer wiegen könne, als meine beiden langen
Arme. Wen aber der Teufel einmal gepackt hat, den
läßt er nicht sogleich wieder los. Er wies mit dem
Daumen über seine Schulter und zeigte mir, daß in

der Kompagnie, die von den bösen Engeln Kuthriel und Dalziel (Habsucht und Ehrgeiz) kommandiert wird, ein Plätzchen als Freiwilliger für mich offen gelassen sei. Ich warf den Ladendiener unter den Ladentisch und ging als hoffnungsvoller Rechtsgelehrter von dannen. Meine Lieutenants waren fast alle Advokaten geworden, und ihr Kapitän zeigte, so hoffe ich, daß er noch immer würdig sei, die wackeren Jungen zu kommandieren."

Abe gab es also auf, auf seines Vaters Grundstück Farmer zu werden. Statt durch Handarbeit sich emporzuarbeiten, faßte er den Entschluß, durch geistige Arbeit sein Fortkommen zu sichern. Die Wege des Herrn sind wunderbar. Was Abe bescheidentlich seinen eigenen Hochmut nennt, war wohl Gottes Finger, der an ihm ein Werkzeug sich zurüsten wollte.

Wenn auch Abe es sich nie hatte träumen lassen, anders als durch seiner Hände Arbeit sein Brot verdienen zu wollen, hatte er doch stets den Drang nach Wissen, nach höherer Bildung verspürt und ihn befriedigt, so weit es anging. Nach seiner Soldatenzeit steckte Abe sein Lebensziel anders als vordem, blieb aber dabei seinem innern Selbst getreu: Er verfolgte nun klar und bewußt das Ziel, welchem er von jeher unbewußt nachgestrebt hatte.

Mochte auch Abe seine großen Hände schon jetzt mit ganz anderen Empfindungen betrachten als früher, einstweilen brauchte er ihre Kraft und die seiner Beine dazu noch recht sehr; denn selbst in Amerika ist es nicht möglich, so ohne weiteres, Knall und Fall, ein Advokat zu werden. Allerdings ist es nicht erforderlich, das Gymnasium und die Universität besucht zu haben, aber man muß doch nachweisen können, daß man die Gesetze des Landes so genau kennt und versteht, um nach ihnen Recht sprechen zu können. Also wollen die Gesetze studiert sein. Dazu gehört Zeit und — Geld, sintemalen man nicht unterdes vom Winde leben kann.

Abe kratzte sich bedeutend hinter den Ohren, als er sich das alles vorhielt. Seine reichen früheren Kameraden brauchten nur zu studieren, — aber er? Hilf Dir selbst, so hilft Dir Gott! sagte er sich, Du mußt eben wieder arbeiten und in den Feierstunden tüchtig studieren. Und Gott half!

Es war eben die Zeit, in welcher viele Auswanderer, namentlich Deutsche, in Amerika eintrafen. Die meisten von ihnen wollten Grund und Boden zu Niederlassungen zugewiesen haben. In Chicago in Illinois hatte sich daher eine Gesellschaft gebildet, welche große, unbebaute Landstriche der Regierung abkaufte, sie ausmessen, auf ihnen Plätze für Städte und Dörfer abstecken, sie wieder in einzelne Grundstücke zerteilen ließ und diese dann an die Ansiedler verkaufte. Damit verdiente sie viel Geld, und wer für dieselbe arbeitete, hatte ebenfalls einen schönen Tagelohn. Abe meldete sich bei dieser Gesellschaft als Feldmesser. Zwar hatte er nie Meßkette und Kompaß gehandhabt, aber es war doch jedenfalls keine Hexerei, darum traute er sich schon mit dem Vermessen fertig zu werden. Er fand sich auch bald damit zurecht. Auf einen Fuß mehr oder weniger kam es ja nicht an, also frisch hinaus und versucht!

So lange er nur mit Gras bewachsene Flächen in der Prärie zu vermessen hatte, ging alles ganz prächtig. Wenn der Abend kam, machte er sich ein tüchtiges Feuer, legte sich daneben, zog sein Buch aus dem Reisesacke und spielte den angehenden Rechtsgelehrten.

„Sein" Buch sagte ich; es gehörte ihm indes nur insoweit, als man geborgte Sachen sein Eigentum nennen darf. Unangenehm wurde die Sache, als er weiter in den Urwald bringen mußte. Da war oft zuerst die Axt, mit der er sich den Weg bahnen mußte, sein Haupt-Handwerkszeug. War die Arbeit des Tages auch schwer, er vergaß abends sein Studieren doch nicht; das Ziel, welches er unablässig vor Augen hatte, spornte ihn zu regem Fleiße.

Zuweilen ging es dem armen Feldmesser herzlich schlecht; — wäre er ein verwöhntes Muttersöhnchen gewesen, er hätte es nicht ausgehalten, — nämlich wenn ein tüchtiger Regenguß oder gar ein anhaltender Regen kam. Dann kroch er in seine Hütte. Da aber das Dach derselben nur aus Ästen und Blättern bestand, lief der Regen nach und nach durch und wusch ihm doch den Pelz; das Feuer verlöschte, und der Rauch drohte ihn zu ersticken. Da das Holz naß wurde, brachte er am anderen Morgen kein Feuer zu stande. Sonst kochte er sich einen Frühstückskaffee, wozu er nur eines einzigen Blechgefäßes bedurfte. In ihm zerstampfte er die Bohnen mit einem Stück harten Holzes, dann goß er Wasser darauf, hing das

Gefäß über das Feuer, und bald war der Kaffee fertig. Nach einer Regennacht aber mußte er sich begnügen, eine Handvoll Bohnen zu kauen und einen Schluck kalten Wassers dazu zu trinken. Abe ließ sich den frohen Mut nicht ausgehen, bald kam auch die Sonne wieder und machte alles wieder gut. Einmal jedoch spielte ihm das Wasser einen Streich, der ihm ziemlich teuer zu stehen kam.

Ein wunderschöner Abend brach an. Die Sterne leuchteten hell und freundlich vom Himmel. Abe guckte gar oft von seinem Gesetzbuche auf zu ihnen, — „denn hart und ehern ist das Wissen von Gesetz und Recht" — und dachte an jene Welt, in welcher keine Gesetze gegen böse Menschen mehr nötig sind. Zu seinen Füßen murmelte ein kleiner Gebirgsbach, in dem sich die Sterne spiegelten. Die freundliche Nacht und die trauliche Umgebung thaten unserem Abe so wohl, daß er am Bachesrande einschlief. Die angenehmsten Empfindungen begleiteten ihn hinüber ins Reich der Träume. Plötzlich wurde er in seinem süßen Schlummer gestört. Er wußte nicht, wie ihm geschah. Wachte oder träumte er? Hatte ihn jemand boshafterweise fortgetragen von dem kleinen, murmelnden Bache hin zu einem wütenden Strome? Das Wasser zu seinen Füßen schäumte und tobte, von fern her tönte ein unheimliches Brausen und Tosen. Er rieb sich noch die Augen und wußte nicht, was er sich denken sollte, da berührte das Wasser schon seine Füße. Nun sprang er rasch empor und suchte seine Sachen zusammen, um sich davon zu machen. Es war schon zu spät zum geordneten Rückzuge. Ehe er es sich versah, reichte ihm das Wasser bis an die Kniee, einen Augenblick später schon bis an die Brust. Er ließ alles fallen und suchte nur sich zu behaupten gegen die herandrängenden Wogen. „Adieu, Meßkette! Adieu, Kompaß!" brüllten sie ihm zu, bald auch: „Adieu, Abe!" wenn er nicht schnell Hilfe fand; denn schon fiel ihm Woge auf Woge zärtlich um den Hals, und jede wollte ihn ihr eigen nennen. Abe streckte seine Arme empor, sie waren, Gott sei Dank, ziemlich lang, und bei seinem krampfhaften Umhergreifen bekam er glücklicherweise einen Ast, der über dem Wasser hing zwischen seine Hände. In seiner Todesangst umarmte er ihn bald noch zärtlicher, als ihn das Wasser. An ihm zog er sich empor und machte nun einen außerordentlich steilen Spaziergang zum Baume aufwärts. Das Leben war gerettet, Kompaß und Meßkette aber unrettbar verloren, dagegen besaß er noch seine Rechtskunde, die in einer Tasche seines Wamses steckte. Mit wahrem Galgenhumor tröstete er sich: Aha, das ist Dir ein Zeichen, daß Du nicht ewig Feldmesser bleiben sollst! — Das große Wasser verlief sich so rasch, wie es gekommen, und eine Stunde später murmelte das Bächlein wieder so einfältig und unschuldig, wie wenn nichts vorgefallen wäre. Wahrscheinlich hatte vorhin ein in der Ferne liegender See seinen Damm durchbrochen und dem Bächlein seine Wogen gesendet.

Tags darauf wanderte Abe nach Chicago. Über seinen Unfall, den er launig erzählte, wurde er weid=

lich ausgelacht. So maß er denn unverdrossen weiter, Tag für Tag, bis zum Jahre 1836. Dieses machte aus dem Feldmesser auf kurze Zeit einen Postmeister und auf längere einen — Advokaten. Er bekam die Erlaubnis, als Verteidiger der Angeklagten vor die Gerichtsschranken treten zu dürfen. Sein Ziel war erreicht und er war glücklich. Er ging nach Springfield, der Hauptstadt des Sangamonbezirkes in Illinois, und ließ sich dort nieder.

Zehntes Kapitel.
Geben ist seliger denn Nehmen.

In Amerika sind die gesellschaftlichen Verhältnisse noch wenig geordnet, zur Zeit unserer Geschichte waren sie es bei weitem weniger; also gab es für einen Advokaten genugsam Arbeit und Geld zu verdienen. Verband einer nun Geschicklichkeit mit vollkommener Ehrlichkeit, so daß er unbestechlich war, wie Abe, so war er eine sehr gesuchte Persönlichkeit. Abe erwarb sich sehr bald einen guten Ruf als geschickter Verteidiger. Ein Fall, der selbst den Zeitungen reichlich Stoff bot, lenkte aller Augen auf ihn.

In Petersburg herrschte eines Morgens große Aufregung, denn während der vergangenen Nacht war ein wohlhabender junger Mann bei einer Schlägerei getötet worden.

Die Witwe Armstrong, Abes Pflegemutter, räumte eben das Schlafzimmer auf, als ihre Nachbarin, von Jugend auf ihre Freundin, recht verstört zu ihr kam.

„Ach Gott, ach Gott! Hast Du's schon gehört? Er ist gestorben!" sagte sie im Hereintreten.

„Wer denn?"

„Nun, der junge William, — er hat bloß noch ein paar Stunden gelebt!"

„Was hat ihm denn gefehlt? Hat ihn der Schlag gerührt, oder hat er sonst ein Unglück gehabt?"

„Du weißt's wohl noch nicht? Da ist mir's nur lieb, daß ich gleich zu Dir gesprungen bin, ehe Du es von andern hörst . . Nein, wenn Eltern so etwas an ihren Kindern erleben müssen!"

„Seine Eltern werden recht unglücklich sein. Mein John sagte zwar immer, daß nicht viel an ihm sei; sie waren einander aber nicht gut."

„Drum eben! drum eben!"

„Sag' mir nur, was hat ihm denn gefehlt?"

„Ach, Du armes, unglückliches Weib! So einen Kummer mußt Du auf Deine alten Tage noch haben." — Sie fiel der Freundin um den Hals und schluchzte laut.

„Um Gottes willen, was hast Du denn? Meinst Du mich?" — Und sie riß sich von der Nachbarin los und starrte ihr erschrocken ins Gesicht.

„Freilich! Dein Sohn hat ihn ja erstochen!" platzte sie heraus.

„Mein Sohn?" Sie wankte; einen Augenblick hielt sie sich am Bettpfosten fest, dann sank sie auf die Kissen. „M—ei—n S—oh—n!" hauchte sie noch einmal, dann schloß sie die Augen.

Die gute Nachbarin hatte ihr das Entsetzliche nach und nach beibringen wollen, so schonend wie möglich; jetzt hatte sie ihr das Messer mit einem Male mitten

Die Gefahr

ins Herz gestoßen. Sie konnte sich selbst nicht raten vor Verwirrung und Angst. Sie hätte ja die Wahrheit nicht so bestimmt zu sagen brauchen, nur — daß die Leute so sprächen, daß sie selbst aber es nicht glaube.

Die Ohnmächtige lag unbeweglich, nur ihre Brust arbeitete fürchterlich. Die Freundin rief sie, rüttelte sie, — umsonst! Sie faßte sie bei den Händen: „Komm doch wieder zu Dir, es wird ja nicht wahr sein!" schluchzte sie, — aber vergeblich. In ihrer Angst dachte sie daran, daß kaltes Wasser ein Mittel gegen Ohnmacht sei. Sie tauchte das Handtuch ein, rieb ihr das Gesicht, die Schläfe, und — die Ohnmächtige kam wieder zu sich; sie schlug die Augen auf. „'s ist ja nicht wahr!" weinte und lachte die Nachbarin durcheinander.

Die arme Mutter erhob sich. „Es ist vorüber," sagte sie. „Komm', setze Dich zu mir und erzähle mir alles. Es kann doch nur ein Irrtum sein mit meinem Sohne; das hat er nicht gethan; er soll nur wieder den Sündenbock abgeben."

„Freilich, freilich! Er hat zu viel Feinde, weil er zu hitzig ist und immer gleich zuschlägt. Aber ich sagte es gleich, das hat er nicht gethan!"

„Erzähle mir nur und verschweige mir nichts!"

„Ach, Du wirst denken, ich hätte die ganze Sache aufgebracht; aber so gewiß, wie ich hier stehe . . ."

„Ich bitte Dich . . . . !"

„Ich will es Dir sagen, wie ich es gehört habe. Gestern Abend soll Dein Sohn mit dem William und andern drüben im Nachbarorte im Wirtshause gewesen sein. Der William ist wieder auf die Zeit zu sprechen gekommen, als der Krieg gegen die Indianer war. Damals ist doch Dein Sohn Hauptmann geworden und William nicht, obgleich er reicher ist; da hat er sich denn immer nichts wollen sagen lassen, und da hat ihn dann Dein Sohn zur Strafe vierundzwanzig Stunden an einen Baum binden lassen."

„Das konnte er ihm nun einmal nicht vergessen; deswegen ist wohl wieder Streit geworden?"

„Nun freilich! Es haben sich andre hineingemengt; sie haben getrunken, dann sind sie alle zusammen fortgegangen; unterwegs ist es zur Schlägerei gekommen, und da soll denn Dein Sohn den William erstochen haben. — Nun weißt Du's!"

„Muß es denn gerade mein Sohn gewesen sein?"

„Es sagen's alle Leute, weil doch Dein Sohn der Hauptgegner gewesen ist, und weil er immer gleich hitzig ist und zuschlägt .... Wo ist denn Dein Sohn?"

„Draußen auf dem Felde."

„Hat er Dir nichts gesagt?"

„Nein, kein Wort; aber ich habe es ihm beim Frühstück angesehen, daß ihm etwas nicht recht war."

„Na, ich muß nun gehen. Nimm mir's nur nicht übel, daß ich zu Dir gekommen bin. Ängstige Dich nur nicht zu sehr! ... Adieu!"

Kaum war die Nachbarin fort, so ließ Frau Armstrong alles stehen und liegen und lief hinaus zu ihrem Sohne. Das Herz wollte ihr zerspringen; sie mußte Gewißheit haben. John wurde bleich, als er seine Mutter kommen sah. Sie faßte seine beiden Hände. „Mein Sohn!" sagte sie, „ich bin Deine Mutter, ich habe schon manche Thräne um Dich vergossen, sag' mir die Wahrheit: hast Du den William erstochen?"

„Nein, Mutter, das schwöre ich Dir!"

„Bist Du aber dabei gewesen?"

„Ja!"

„Wer ist es denn gewesen?"

„Das weiß ich nicht!"

„Die ganze Stadt nennt Dich den Mörder!"

„Ich bin kein Mörder, das kannst Du mir wahrhaftig glauben, Mutter!"

„Kannst Du es beweisen?"

„Das kann ich nicht; aber ich bin unschuldig!"

„Ach, ich unglückliche Mutter! Wenn Dein Vater das erlebt hätte!"

„Mutter, Mutter, liebe Mutter, sei ruhig! . . . ich bin gewiß kein Mörder!"

Die Mutter sprang weinend und jammernd nach Hause. John konnte sie nicht allein lassen; er nahm Vieh und Zeug und zog ihr nach. Seine Schritte wankten. Schon zeigten die Kinder mit Fingern auf ihn; die Erwachsenen ballten die Fäuste und riefen ihm Verwünschungen nach. Kaum hatte er die Stube betreten, da war auch schon das Haus vom Volke belagert. Dann traten zwei Polizisten ein, welche John mitgehen hießen, „sie hätten den Befehl, ihn zu verhaften." John sah sie groß an, seine Stirnader schwoll gewaltig.

„Widerstand nutzt nichts!" sagte der eine und zog seinen Revolver, während sein Gefährte ein paar Handschellen zum Vorschein brachte.

„Mich fesseln? . . . Wer heißt Euch das? . . . Nimmermehr lasse ich mich fesseln!"

„Um Gottes willen, John!" rief die Mutter, „Du machst das Unglück nur ärger! Du bist ja unschuldig, so sei doch ruhig und gehe mit!"

„Ja, ich will mitgehen, freiwillig, aber fesseln lasse ich mich nicht; ich bin kein Verbrecher!"

Revolver und Handschellen verschwanden, und John folgte den Dienern des Gesetzes. Doch man durfte das Haus nicht verlassen. Es stand zu befürchten, daß das Volk selbst fürchterliche Rache nehmen werde an dem vermeintlichen Mörder. „Packt ihn!" „Federt*) ihn!" . . . „Hängt ihn!" . . . so lautete das Kommando der empörten Menge. Alle Feinde, die sich John von den Tagen seiner Schulzeit an erworben hatte, standen gegen ihn. Man mußte mehr Polizei holen, um den Gefangenen sicher durch das Volk hinter Schloß und Riegel zu bringen. Eine starke Wache blieb vor dem Gefängnisse, denn man drohte die Thüren zu erbrechen, um den Gefangenen auf Volksmanier zu richten.

---

*) Wer „gefedert" werden sollte, wurde zuerst vollständig entkleidet, dann über und über mit Theer bestrichen und endlich in einem Haufen Federn herumgewälzt. Den auf solche Weise befiederten Vogel nahm man auf zwei Stangen und trug ihn durch die Stadt. Jedermann hatte das Recht, ihn mit faulen Äpfeln oder Eiern zu bewerfen. Schließlich wurde er gepeitscht oder gehängt.

Der ärgerliche Handel ging auch in die Zeitungen über. John wurde fest und sicher als Mörder hingestellt, dessen baldige Hinrichtung das Volk billig verlange.

John hatte ein Verhör vor dem Untersuchungsrichter.

„Haben Sie den Ermordeten seit längerer Zeit gekannt?"

„Ja!"

„Sie haben zusammen gegen den „schwarzen Falken" gekämpft?"

„Ja!"

„Ist es wahr, daß Sie seit jener Zeit mit ihm feindlich waren?"

„Ja!"

„Sie waren am Tage des Vorfalls in X.?"

„Ja!"

„Sie gerieten in Streit mit ihm?"

„Ja!"

„Sie leugnen es nicht, daß Sie den Getöteten während der Schlägerei mit den Fäusten gefaßt hielten?"

„Nein!"

„Auch nicht, daß er, als Sie ihn losließen, zusammenstürzte?"

„Nein!"

„Sie bezeichnen das blutige Messer, das man auf Ihrem Platze fand, als das Ihrige?"

„Ja!"

„Und dasjenige, welches man bei Ihnen fand, als das des Getöteten?"

„Ja!"

„Wie sind Sie dazu gekommen?"

„Ich habe es ihm aus der Hand genommen."

„Da Ihr Messer das blutige ist, so sind Sie jedenfalls der Thäter!"

„Nein!"

„Ja, lieber junger Mann, Ihr Leugnen hilft Ihnen nichts. Die Beweise, die Sie anerkennen müssen, sprechen zu deutlich gegen Sie. Oder können Sie den Hergang der Sache anders erzählen?"

„Nein!"

„Können Sie irgend jemand als den Thäter bezeichnen?"

„Nein!"

„Dann steht Ihre Sache eben sehr schlimm!"

Auch der Inhalt des Verhörs fand durch die Zeitungen Verbreitung. Johns Antworten betrachtete man als Zugeständnisse.

Durch die Zeitungen erfuhr der Advokat „Abraham Lincoln", in welch' schrecklicher Lage seine Wohlthäter waren. „John ist der Mörder nicht!" sagte ihm eine innere Stimme. „Ich muß ihn retten!"

Sofort schrieb er an Frau Armstrong, daß er bei sich selbst von der Unschuld ihres Sohnes überzeugt sei, und daß er alles zu seiner Rettung aufbieten werde. Sein Stand und das Gefühl der Dankbarkeit legten ihm das als Pflicht auf.

Schon nahte der Tag heran, an dem die Geschworenen zum endgültigen Urteile über John zusammentreten sollten. Da die öffentliche Meinung bereits den Stab über den Unglücklichen gebrochen, konnte man über ihren Spruch nicht in Ungewißheit sein. — Es war keine Zeit zu verlieren. Sofort wandte sich Abe an den betreffenden Gerichtshof, meldete sich als Verteidiger des Angeklagten und forderte einen Aufschub des letzten Gerichtstermins. Er wurde ihm gewährt. Dann begab er sich an Ort und Stelle und setzte es durch, daß man den Prozeß nach demjenigen Distrikt (Bezirk) verlegte, in welchem die That geschehen war; denn er machte geltend, daß den Geschworenen die Haupteigenschaft eines Richters, die Unparteilichkeit, mangele, da Freunde des Getöteten und Feinde des Angeklagten unter ihnen seien; auch sei das Urteil aller zu sehr durch die öffentliche Meinung getrübt. Man mußte ihm Recht geben.

Die gewonnene Zeit benutzte Abe zum Studium der Akten über die bereits erfolgten Verhöre, deren eines wir kennen gelernt haben. Allerdings, das mußte er sich sagen: John hätte zu seiner Verteidigung mehr thun können, wenn er schärferen Verstand und größere Redegewandtheit gehabt hätte. Auf der anderen Seite war bei der Einsilbigkeit des Angeklagten wieder das Gute, daß er sich nicht in Widersprüche verwickelt hatte.

Je schärfer Abe alles überdachte, und je mehr er Erkundigungen einzog, desto mehr überzeugte er sich von Johns Unschuld; denn gerade des Hauptzeugen

Person und Aussagen trugen gewichtige Mängel an sich. So sehr ihn das innerlich erfreute, so verschwiegen blieb er darüber selbst der Mutter Armstrong's gegenüber, — „denn der Weiber Zungen ja nimmer ruhn!"
Der Tag der Geschworenen-Sitzung kam. Abe mischte sich unter die Zuhörer, um so wenig als möglich aufzufallen.

Es traten zunächst die Teilnehmer an der Schlägerei, welche man hatte ermitteln und zur Stelle schaffen können, als Zeugen auf, Freunde und Feinde des Angeklagten. Ihre Aussagen waren übereinstimmend bis auf den Schluß, nämlich: daß an der Schlägerei viele teilgenommen, daß aber John, als Hauptgegner, den William gepackt gehabt hätte. Es sei sehr wild durcheinander gegangen; plötzlich habe John losgelassen, und der andere sei hingestürzt, mit einer Stichwunde unter dem Schulterblatt, wie sich später herausgestellt habe. Der Verwundete sei besinnungslos gewesen und einige Stunden darauf gestorben. Auf dem Platze habe man ein blutiges Messer gefunden, welches dem John gehöre. Die Feinde schlossen: „John ist der Mörder!" die Freunde: „das kann niemand behaupten, denn niemand hat es gesehen, der Wirrwar war zu groß."

Nun trat der Hauptzeuge auf.

Sein Gesicht zeigte vollkommene Ruhe, seine Sprache war fest und sicher. Er begann:

„Meine Herren! Was die Beteiligten nicht sehen konnten, weil sie zu nahe waren und zu erregt, das habe ich von ferne gesehen. Der Mond schien so klar und hell, daß ich jeden erkannte. Ich sah, wie John den rechten Arm hob und den Stoß führte. Dann stürzte der Getroffene nieder. Ich habe bereits als Zeuge meinen Eid geleistet und bin bereit, jede meiner Aussagen durch einen Schwur zu erhärten!"

Der Präsident der Gerichtsversammlung fand es nicht für notwendig, nach einem Verteidiger zu fragen, da er den Verbrecher für vollkommen überwiesen hielt. Mit kurzen Worten ermahnte er die Geschworenen, sich zurückzuziehen und ihre Pflicht zu thun.

Da erhob sich inmitten der Zuhörer eine lange Gestalt mit ernstem Gesicht und runzliger Stirn. Es war Abraham. Aller Augen richteten sich auf ihn, als er an den Gerichtstisch vortrat. „Ich bin der Verteidiger des Angeklagten, Advokat Abraham Lincoln aus Springfield," begann er, „und ersuche einen hohen Gerichtshof und ein geehrtes Publikum, meinen Worten ein williges Ohr zu leihen."

„Sprechen Sie!" sagte der Präsident etwas verdrießlich, weil er eine unnütze Zeitverschwendung erwartete. Abrahm fuhr fort: „Meine Herren, der Angeklagte ist unschuldig! Davon bin ich fest überzeugt!" ...

Eine unruhige Bewegung durchlief den Saal ...
„Und ich bin der Überzeugung, daß Sie es mit mir sein werden, wenn ich meine Beweise werde geliefert haben."

„Bitte!" sprach der Präsident.

„Meine Herren! Auf das Zeugnis der Beteiligten ist sehr wenig Gewicht zu legen, denn sie alle waren

im Augenblick der That durch den Genuß geistiger
Getränke und längeren Streit viel zu sehr erregt, als
daß sie hätten scharf beobachten können. Auch hat
thatsächlich keiner von ihnen bewiesen, — auch seine
Feinde nicht, — daß John der Thäter war, diese
letzteren haben es nur vermutet. Meine Herren! was
kann man nicht alles vermuten?! Vermutungen be=
weisen nichts! Auf bloße Vermutungen hin könnten
wir jeden der Beteiligten auf die Anklagebank
setzen . . ."

„Aber das blutige Messer Johns! . . ." bemerkte
der Präsident.

„Sehr wohl, Herr Präsident! Das blutige Messer
und die Thatsache, daß William stürzte, als John los=
ließ, scheinen die dem Angeklagten zugeschobene That
zu beweisen. Doch, meine Herren! Sie haben etwas
Wesentliches unberücksichtigt gelassen: daß man des
Getöteten Messer in Johns Händen fand. Diese
Thatsache mit den beiden vorigen liefert den Beweis,
daß John unschuldig ist."

„Wie so? — Unmöglich!" lief es durch die Zu=
hörer.

„Meine Herren! Es steht fest, John hat seinen
Gegner gefaßt vor dem Todesstoße. Dabei konnte er
unmöglich sein Messer in der Hand behalten, denn
er mußte mit beiden Händen zufassen." . . .

„Wahrhaftig, das ist wahr! . . ."

„Ein anderer hat es aufgehoben und gebraucht.
— Nachdem John seinen Gegner gefaßt, konnte er ihm
unmöglich einen Stich versetzen; denn erstens hatte

er kein Messer, — Williams Messer ist nicht gebraucht, — zweitens hatte er seine rechte Hand nicht frei, da er mit ihr des Gegners bewaffnete Rechte festhalten mußte, um nicht selbst verwundet zu werden."

Die Bewegung im Saale wurde so laut, daß der Präsident die Klingel gebrauchen mußte.

„Als William, von anderer Hand getroffen, keinen Widerstand mehr leistete und fiel, blieb sein Messer in Johns Händen."

„Aber, Herr Verteidiger! vergessen Sie den Hauptzeugen nicht!" bemerkte wieder der Präsident.

„Gewiß nicht, meine Herren, ich bleibe Ihnen nichts schuldig! Ich wende mich zunächst gegen die Person des Hauptzeugen. Zwischen ihm und dem Angeklagten besteht ein viel feindlicheres Verhältnis, als es zwischen dem Toten und dem Letzteren jemals bestanden hat. Er will ihn aus dem Wege schaffen, um bei gewissen Bestrebungen, die ich aus Zartgefühl gegen eine sehr achtbare junge Dame nicht näher bezeichnen darf, freie Hand zu haben."

„Ich werde Sie belangen!" unterbrach der Hauptzeuge.

„Warten Sie, bis man Sie fragt!" antwortete der Präsident.

„Was seine so bestimmten Aussagen betrifft, so sind es ganz gemeine Lügen, die ihm die Leidenschaft eingegeben," fuhr Abe fort.

„Unverschämter! . . . Beweise!" schrie der Zeuge.

Der Präsident: „Schweigen Sie, oder ich muß Sie hinausbringen lassen!"

Abe fuhr fort: „Wohl, Sie wollen Beweise; Sie sollen Beweise haben! Ich frage den Hauptzeugen, ob er es noch beschwören will, daß er beim Mond=schein alles gesehen?"

Zeuge: „Ja, — der Mond schien hell und klar!"

Abe: „Zu welcher Stunde geschah die That?"

Präsident: „Um zehn Uhr des Abends."

Abe: „Ich bitte um einen Kalender." — Er war sofort bei der Hand.

Abe: „Wann ging der Mond in jener Nacht auf?"

Präsident (sucht): „Mondesaufgang: Nachts elf Uhr!"

Es trat hierauf eine Totenstille im Saale ein. In sie hinein donnerte Abe, zum Hauptzeugen ge= wendet: „Nun, Du meineidiger Bösewicht, so schwöre doch! Du hast Deine Hand empor gehoben zu Gott dem Allwissenden, um eine Lüge zu bekräftigen! Möge Dir, wenn Du den Galgen zierst, Gottes Gnade heller scheinen, als der Mond in jener Nacht!"

Atemlos hatte jedermann zugehört und den Mann angeschaut, der wie ein Engel der Vergeltung mit zornsprühenden Augen vor ihnen stand.

Der Hauptzeuge sprang quer durch den Saal.

„Haltet ihn! — Greift ihn!" schrie man durch= einander.

Er hatte bereits das geöffnete Fenster erreicht und war hindurch gesprungen.

Nachdem die Ruhe wieder hergestellt war, fuhr Abe fort: „Meine Herren! Ich habe nun nichts mehr zu sagen, als das eine: Ehe die Abendsonne im Westen verschwindet, soll sie noch einen freien Mann bescheinen!"

Die Geschworenen begaben sich in ein benachbartes Zimmer. Nach kurzer Zeit kehrten sie zurück, und der Vorsitzende verkündete ihren Spruch: „Nicht schuldig!"

Der Befreite sprang empor: „Wo ist mein Erretter?" Mehr vermochte er nicht zu sagen; Thränen erstickten seine Stimme, als er unserm wackern Abe um den Hals fiel. Dieser zog ihn an das Fenster, deutete auf die untergehende Sonne und sagte: „Noch ist sie nicht hinunter, und Du bist frei!"

Durch die freudig erregte Menge, die den siegreichen Verteidiger umringte und mit Glückwünschen überschüttete, drängten sich zwei Personen vor: Johns Mutter und Abes Vater. Abe führte der Mutter ihren Sohn zu. Sie konnte nicht genug Worte des Dankes für ihren Pflegesohn finden.

„Was ich gethan habe," sagte dieser, „ist wenig, — wäre er schuldig gewesen, ich hätte ihn nicht schuldlos machen können; — betrachten Sie das wenige als einen kleinen Beweis meiner Dankbarkeit für das Gute, das ich in Ihrem Hause genossen."

Der Vater schloß den laut gepriesenen Sohn freudig ans Herz und verlebte noch einen glücklichen Tag mit ihm in Armstrong's Hause. Bei der Festmahlzeit fehlte auch die gute Nachbarin nicht, „die es gleich gesagt hatte, daß er unschuldig sei!"

Elftes Kapitel.
Abe, der Befreier der Negersklaven in Amerika.

Der unerwartete Ausgang des im vorigen Kapitel geschilderten Prozesses machte ungeheures Aufsehen. Auch die Zeitungen, welche den entgegengesetzten mit so vieler Bestimmtheit vorausgesagt hatten, mußten notgedrungen Notiz davon nehmen, und so kam es, daß der Name Lincoln in aller Munde war.

Was Abe bis jetzt geworden war, hatte er, außer Gottes Hilfe, nur sich selbst zu danken. Durch freie, selbst gewählte Arbeit hatte er sich emporgeschwungen zur gebildeten Gesellschaft und in ihr sich einen geachteten Platz gesichert. Deshalb stand in seinen Augen die Arbeit, die freie, selbstgewählte Arbeit sehr hoch, — höher als vornehme Geburt und großer Geldbesitz. Er verachtete den, der nicht arbeiten mochte, den Sklavenhalter, und bemitleidete jenen, der es nicht durfte nach eigenem Geschick und Geschmack zu eigenem Vorteil, — den Sklaven. Ja, die Sklaverei hatte ihm aufs Herz gebrannt, so lange er fühlen konnte! Jetzt

da er Mann war, Rechtsgelehrter sogar, durfte sein Herz nicht mehr allein sprechen, jetzt mußte sein Verstand das erste Wort haben. Und was dieser sprach, klang wenig tröstlich, nämlich: „Wenn Gott nicht durch besondere Schickung hilft, so kann kein Mensch helfen; denn die Sklaverei ist dem Gesetze nach erlaubt."
Wo sie einmal bestand, konnte selbst die oberste Regierung nichts dagegen thun. Denn als die Nordamerikanischen Staaten sich von England losrissen, wurden in allen Staaten Sklaven gehalten, daher lautete ein Paragraph der Verfassung:

„Die Unionsregierung soll nicht das Recht haben, Sklaverei abzuschaffen oder einzuführen, sondern es bleibt jedem einzelnen Staate überlassen, zu thun, was er will, denn die Sklaverei ist eine häusliche Einrichtung."

Dieses Gesetz konnte nicht umgestoßen werden, deshalb war eine Befreiung der Sklaven unmöglich, so lange Gott nicht besondere Veranstaltungen traf. Daß dieses geschehen werde, daran zweifelte Abe nicht, denn er meinte, Gott wäre dieses seiner Gerechtigkeit schuldig.

Die einzelnen Staaten Nordamerikas sind Republiken, haben also keinen angestammten Fürsten, sondern ihre Bewohner wählen die Männer, welche sie regieren sollen, aus ihrer Mitte selbst. Jeder Staat hat seine eigene Regierung. Da aber alle zu einem Bunde sich vereinigt haben, giebt es noch eine Bundes— „Unions"=Regierung mit einem Präsidenten an der Spitze, welche über den einzelnen Staatsregierungen steht. Sie hat ihren Sitz in der Bundes-Hauptstadt Washington. Zu ihr schicken die einzelnen Staaten ihre Vertreter, ihre Abgeordneten. Die Zahl derselben, welche jeder Staat zu senden berechtigt ist, richtet sich nach der Zahl der Einwohner.

Jeder weiße Mann galt als eine Person, jeder schwarze als drei Fünftel Person, so daß für fünf Sklaven drei Personen gerechnet werden durften.

Im Laufe der Zeit hatten die nördlich gelegenen Staaten die Sklaverei abgeschafft, einmal, weil sie dieselbe für unmenschlich hielten, dann aber auch, weil sie bei ihrer vorzugsweisen Gewerbethätigkeit die wenig anstelligen Schwarzen nicht brauchen konnten. Die Südstaaten dagegen hielten viele Sklaven, weil sie zum Baumwollen- und zum Tabaksbau recht gut zu verwenden waren und weniger kosteten, als weiße, freie Arbeiter. (Die Nordstaatler aßen im Schweiß ihres Angesichts ihr Brot, die Südstaatler mästeten sich vom Schweiß ihrer Sklaven.)

Der Umstand nun, daß die Neger zu drei Fünfteilen als Personen gerechnet werden durften, verursachte es, daß die Südstaatler immer mehr Abgeordnete bei der Unionsregierung hatten, als die Nordstaatler. Daraus folgte wieder, daß jene immer ihren Willen durchsetzen konnten, wenn ein neuer Präsident zu wählen oder ein neues Gesetz zu erlassen war, diese aber nicht, wenn sie den Krieg vermeiden wollten. Das ist gerade so, wie wenn ein Vater seine fünf Kinder — vielleicht bei unfreundlichem Wetter — fragt: „Wollen wir heute spazieren gehen, oder nicht?" Sagen drei ja! so

dürfen die andern beiden nichts dagegen haben, nur der Vater könnte noch eine andere Entscheidung herbei=
führen. Bei der Präsidentenwahl fielen die Feinde der Sklaverei natürlich immer durch. Im Laufe der Zeit bildeten sich immer neue Staaten, die in den großen Bund aufgenommen sein wollten. Dabei entstand jedesmal die Frage: „Soll der neue Bundesstaat ein Sklavenstaat sein, oder nicht?" Die südlichen Abgeordneten samt dem Präsidenten sagten: „Ja!" die nördlichen sagten: „Nein!" und jene erhielten ihren Willen. Wollten sich die letzteren durchaus nicht zufrieden geben, so sagten die ersteren bloß: „Gut, so trennen wir uns vom Bunde und machen ganz, was wir wollen." Ohne Krieg hätte das nicht abgehen können, darum gaben die Nord=
staaten immer nach. Einmal kam es sogar vor, daß der neue Staat selbst die Sklaverei ablehnte, weil die Bewohner meist eingewanderte Deutsche waren. Da bewaffneten sich die Sklavenhalter des benachbarten Staates und drangen in den neuen ein, um ihre „häusliche Einrichtung" mit Gewalt einzuführen. Welcher Bauer sich weigerte, Sklaven zu halten, der wurde vertrieben, widersetzte er sich, so wurde er er=
schossen. Frau und Familie wurden schändlichen Miß=
handlungen ausgesetzt. Da ging denn den Feinden der Sklaverei auch die Galle über; sie kamen dem jungen Staate zu Hilfe und verjagten die Sklavenhalter, dem neuen Staat aber war die Lust vergangen, der Union beizutreten.

Auf diese Weise schob sich die Sklavenfrage immer mehr in den Vordergrund. Endlich gab es nur noch zwei Parteien im ganzen Unionsstaate: Freunde der Sklaverei und Gegner derselben. Abraham gehörte zu den letzteren.

Schon bevor er zur Advokatur zugelassen worden war, hatte man ihn in die gesetzgebende Versammlung seines Staates Illinois gewählt. Wenn nun Abgeordnete nach Washington geschickt werden sollten, vielleicht um einen neuen Präsidenten zu wählen, — was alle vier Jahre geschah, — oder einen neuen Staat in den Bund aufzunehmen, oder um einer andern Ursache willen, so reiste Abe vorher durch mehrere Staaten und hielt Reden an das Volk, in welchen er dasselbe ermahnte, ja solche Männer zu wählen, die nicht für, sondern gegen die Sklaverei seien. Seine Ansprachen machten immer einen gewaltigen Eindruck, weil er ohne viel aufgeputzte Worte, ganz einfach, aber sehr klar und verständlich bewies, daß die Sklaverei gegen Gottes Willen und zum Nachteile des ganzen Volkes sei. In Bezug auf das letztere sagte er: Wenn ein Mensch seinen Nebenmenschen behandelt wie das Vieh, so werden beide Teile immer roher Roheit aber bringt stets ein Volk im Wohlstande zurück und macht es bei allen gebildeten Völkern verachtet. In dem Lande der Sklaverei kann auch kein Friede sein, denn der Unterdrückte lauert fortwährend auf die Gelegenheit, sich an seinem Peiniger zu rächen, und findet er sie, so verfährt er grausamer, als ein wildes Thier, — wie das unsere Väter ja erlebt haben. In einem Lande aber, wo kein Frieden ist, kann auch kein Segen sein. Endlich: die Schwarzen können jetzt nur die gröbsten Arbeiten verrichten, weil sie keinen Schulunterricht bekommen dürfen; würden sie frei, so könnten sie uns gewiß nach und nach als freie Arbeiter bei jeder Arbeit unterstützen."

Dafür sprach er sich nie aus, in den alten Sklaven= staaten die Abschaffung der Sklaverei erzwingen zu wollen, denn ihm war jedes Gesetz heilig; stets aber dafür, daß keine neuen dazu kommen dürften.

Abe war nicht der einzige Volksredner, aber er war gewiß der ehrlichste. Bei manchem merkte man heraus: „Aha, der will gern Abgeordneter werden, darum spricht er so viel und gelehrt," — gegen den wurde das Volk mißtrauisch und gab nicht viel auf seine Worte. Abe hegte keine ehrgeizigen Hinter= gedanken. Als man ihn das erste Mal zum Volks= vertreter in Washington vorschlug, lehnte er die Ehre ab, weil seiner Meinung nach viele andre dorthin besser paßten als er.

Abes Reden blieben nicht ohne Erfolg. Die Zahl der Abgeordneten, welche gegen die Sklaverei waren, mehrten sich von Jahr zu Jahr. Es blieb auch den Süders nicht verborgen, wem sie diese Ver= änderung zu danken hatten. Bald sollten sie den rich= tigen Kämpfer für die Freiheit aller Menschen, auch für die der schwarzen, noch besser kennen lernen. Abe mußte dem Drängen seiner Anhänger nachgeben und als Volksvertreter nach Washington gehen.

Wer ihn dort nur eine Zeit lang schweigend zuhören sah, glaubte es gar nicht, daß er ein so bedeutender Mann sein könne, denn Abe schien zu schlafen. Die Beine übereinander geschlagen, mit tief gesenktem Kopfe saß er da und kaute sich gelegentlich an den Fingernägeln. Sobald aber irgend etwas Gesetzwidriges laut wurde, erhob er sich seiner ganzen Länge nach, sechs Fuß, kerzengerade, und wies den Betreffenden mit wenigen, aber scharfen und schlagenden Worten zurecht. Daher behielten die Sprecher, namentlich wenn sie der Richtigkeit ihrer Sache nicht ganz sicher waren, immer jene zusammengekrümmte Gestalt im Auge, die sich um weiter nichts als um ihre Fingernägel zu bekümmern schien.

Die vorhin bezeichnete Wahl zum Volksvertreter hatte Abe außer seinen amerikanischen Freunden hauptsächlich den Deutschen zu verdanken. Von Jahr zu Jahr hatte sich der Westen und Norden Nordamerikas immer mehr mit Einwanderern aus Deutschland bevölkert. Lincoln war der Mann, der ihnen zusagte, ehrlich, beständig und immer auf den heilsamen Fortschritt bedacht, zwar langsam fortschreitend, aber sicher und ohne Überstürzung. In der brennenden Sklavereifrage standen sie entschieden und ohne Wanken auf seiner Seite. Waren doch viele von ihnen eben deshalb aus dem heimatlichen Lande gewandert, weil man sie wie Leibeigene behandeln wollte. Lincoln hatte wiederum großes Wohlgefallen an den Deutschen. Er schätzte ihre Biederkeit, ihre Treue, mit welcher sie an dem, was sie einmal für richtig erkannt hatten, fest=

hielten, und hielt sie hoch wegen ihrer Liebe zur Freiheit und Selbständigkeit.

Die deutschen Ansiedler bauten, wie die Süders, hauptsächlich Baumwolle und Tabak, und zwar — ohne Sklavenarbeit, und erreichten mehr damit als jene. Diese Thatsache wußte Lincoln wohl zu benutzen. Jedesmal, wenn die Abgeordneten des Südens die Sklavenarbeit als unumgänglich notwendig darstellten, — weil niemand freiwillig so schwer, mühsam und anhaltend arbeiten würde, wies Abe auf seine wackern deutschen Freunde hin, die sehr gut fertig würden ohne Sklaven. Ja, er bewies durch Vergleiche, daß die Deutschen weit mehr Gewinn erzielten, als die Sklavenhalter, denn ihnen würde vom Arbeiter nichts gestohlen, sie hätten auch keine Kranke, keine arbeitsunfähigen Weiber und Kinder zu ernähren, — sondern nur wirkliche Arbeiter zu bezahlen, die mit Lust und Liebe, und deshalb mit Erfolg arbeiteten. — Ob die Südstaatler zu dumm waren, das einzusehen, oder zu eingebildet, etwas anderes als was sie ausgedacht, für gut zu befinden, — kurz, sie kehrten sich nicht an Lincoln's Beweise, sondern waren ihnen und ihm selbst herzlich gram. Die Nicht=Sklaven=Staaten aber wurden immer mehr der Ansicht, daß sie gut daran seien.

Im Jahre 1860 ging die Amtsthätigkeit des damaligen Präsidenten zu Ende. Er war aus den Südstaaten, selbst Sklavenhalter und deshalb Verteidiger der Sklaverei. Zu seinen Ministern wählte er nur Gesinnungsgenossen. Sollte er abermals ge=

wählt werden? — Die Aufregung in der Union war groß. Die Süders stellten ihre Bewerber um den Präsidentenstuhl auf, die Norders auch. Wer wurde gewählt? „Abraham Lincoln!" Die zugewanderten Deutschen hatten dem Norden ein Übergewicht über den Süden gegeben. Dort war der Jubel groß, hier der Haß und die Wut. Der alte Präsident verwaltete sein Amt noch ein halbes Jahr nach Abes Wahl; doch die „Süders" führten schon jetzt ihre frühere Drohung aus: Sie erklärten ihren Austritt aus der Union; und doch hatte der neue Präsident noch kein Wort gesprochen über das, was er zu thun gedenke. Sechs Südstaaten machten den Anfang: Süd-Carolina, Alabama, Florida, Mississippi, Louisiana und Texas. Das war Empörung gegen den Bundesstaat, die der Präsident sofort mit aller Gewalt hätte niederdrücken müssen, — doch that er nichts, und Abe durfte noch nichts thun. So wurde der Krieg unvermeidlich.

Der liebe Gott hatte Rat geschafft: Nun wurde die Befreiung der Neger möglich; denn wer Rebellion macht, erkennt die Gesetze nicht an, folglich darf er auch ihren Schutz nicht anrufen. Das Gesetz: Die Sklaverei ist als häusliche Einrichtung erlaubt, konnte die „Süders" nicht mehr schützen, sie hatten es ja mit allen übrigen durch ihre Empörung umgestoßen.

Die Verstocktheit der Sklavenhalter war zum Mittel geworden, den armen Schwarzen zu helfen. So weiß der liebe Gott auch die bösen Menschen wider ihren Willen zur Ausführung seiner heilsamen Ratschläge zu gebrauchen. „Ihr gedachtet es böse zu machen, aber Gott gedachte es gut zu machen!" konnten die Neger sagen.

Zunächst waren die Aussichten ihrer Freunde, der „Norders", allerdings ziemlich schlecht. Der Präsident gab es zu, daß allerhand Waffen und Pulver-Vorräte nach dem Süden geschafft wurden, so daß die Zeughäuser im Norden fast leer standen. Abe bestieg am 5. März 1861 den Präsidentenstuhl zu Washington. Seine Feinde waren schon vollständig gerüstet; sie wählten sich „Jefferson Davis" zum Präsidenten und begannen sofort ihre Angriffe auf die südlich gelegenen Bundesfestungen.

Abraham war schlimm daran. Soldaten hatte er übrig genug, aber es fehlte an Waffen und an Kleidern, darum konnte er nur wenige ins Feld führen und mußte doch alle erhalten. Die Deutschen in Amerika bildeten ein besonderes Regiment. Abraham ließ sie mit zuerst ausrüsten, und es dauerte nicht lange, so hatten die „Süders" gewaltigen Respekt vor den deutschen Brüdern in Amerika.

Einmal standen einem deutschen zwei feindliche Regimenter gegenüber. Es wurde hinüber und herüber geschossen; doch dieses schien den deutschen Kämpfern zu langweilig. Sie forderten von ihrem Anführer, einem gebornen Ungar, er solle sie im Sturme vorführen, sie wollten eine Bajonett-Attacke auf den Feind machen! Es geschah. Die Feinde packte kalter Graus, als sie den Wald von Bajonetten sich heranwälzen sahen. Als nun noch dazu ein donnerndes „Hurra!" über das andere die Luft erschütterte, meinten sie, sie hätten das kalte Eisen schon zwischen den Rippen; in ihrer Angst schossen sie ihre Flinten ab, ohne auf jemand zu zielen, dann machten sie kehrt und liefen, was sie laufen konnten. So rasch liefen beide Regimenter, daß die Deutschen sie nicht einholen konnten. Da war denn die Schlacht gewonnen.

Vier Jahre kämpfte der Norden mit dem Süden mit wechselndem Glücke. Lincoln wußte manchmal nicht, woher er übermorgen Nahrung, Kleidung und Geld für seine Hunderttausende hernehmen sollte; doch er vertraute Gott und behielt guten Mut. „Was geht das den Lincoln von heute an,“ sagte er dann, „übermorgen kann sich der Bursch' kümmern, wie er alles zusammenkriegt.“

Die Amtszeit Lincoln's ging zu Ende, und der Süden war noch nicht besiegt. Das war eine böse Zeit für Abe. Jetzt mußte es sich zeigen, ob seine Anhänger ihm treu geblieben, oder ob die geforderten Opfer sie untreu gemacht. Ihre Treue bewährte sich, weil sie seine Treue erkannt. „Lincoln wurde zum zweitenmale gewählt.“ Das Volk hieß alles gut, was Abe gethan.

Das war der fürchterlichste Schlag für die „Süders“, sie sahen ihren Untergang vor Augen und kämpften wie Verzweifelnde; sie scheuten keine Schandthat, wenn sie nur Vorteil durch sie erreichten. Es gelang ihnen nicht! Schon vier Monate nach Abes Wiederwahl waren sie gänzlich darniedergeworfen — und die Neger-Sklaven frei!

O, die Neger hatten auch ihr Teil zum Siege mit beigetragen. Lincoln hatte sie zu den Waffen gerufen, und sie hatten nicht gezaudert, für ihre Befreiung zu kämpfen. Es waren entschlossene, starke und sehr getreue Krieger. Gefangen ließ sich keiner nehmen, lieber starb er auf dem Schlachtplatze, — es mußte wohl jeder warum! Die Neger waren frei, und sie waren glücklich! Doch war die Arbeit ihrer Befreiung noch keineswegs beendet; es mußte Sorge getragen werden für ihre Bildung, für anderweite Beschäftigung u. s. w. Indes es war dem „Vater Abe" nicht vergönnt, sein großes Werk zu Ende zu führen. Ihr wißt bereits wie das zuging. Was er gethan, kann nicht verloren gehen! Und der Lohn, den er auf Erden nicht empfangen konnte, wird durch einen schöneren im Jenseits gewiß ersetzt; denn die heilige Schrift sagt:

„Selig sind, die im Herrn sterben! Ja, der Geist spricht, daß sie ruhen von ihrer Arbeit, und ihre Werke folgen ihnen nach!"

www.ingramcontent.com/pod-product-compliance
Lightning Source LLC
Chambersburg PA
CBHW031325160426
43196CB00007B/663